Knockdown im Lockdown

Wohin, wenn das Hamsterrad plötzlich klemmt?

Marko Lindner

Manchmal bleibt das Hamsterrad einfach stehen. Eine Krankheit, Kündigung oder anderer Sand kommt ins Getriebe.

Dann nicht gleich durchzudrehen, nur weil man nicht mehr täglich *durchdrehen* kann, ist nicht leicht. Man müsste die erzwungene Auszeit nutzen können. Zum Beispiel, um sich mal zu fragen, ob man in dem Job überhaupt noch richtig aufgehoben ist oder war oder was man in Wirklichkeit eigentlich will, was man kann und was man schon immer mal werden wollte.

Am Ende heil und wie neu aus der Krise heraus zu kommen – das wär's. Der Schlüssel zu diesem innerlichen Frühjahrsputz

> ... geht auch im Herbst

sieht bei jedem etwas anders aus. Deshalb muss ihn jeder selbst finden.

In diesem Buch geht es um genau so eine Suche und ein paar dabei gelernte Suchtipps, eingepackt zwischen Geschichten von verunglückten Grillparties, Bernd Stelters Tophits, diversen Vollhorsten und Angela Merkels Erfolgen bei der Matheolympiade 1971.

Viel Spaß und Erfolg!

Für alle Ersthelfer da draußen.

Bei mir waren es:

eine Mücke

meine Frau

zwei Rettungssanitäter

ein Notaufnahme-Team

ein ganzes Stations-Team

Bibliografische Information der Deutschen Nationalbibliothek:

Die Deutsche Nationalbibliothek verzeichnet diese Publikation in der Deutschen

Nationalbibliografie; detaillierte bibliografische Daten sind im Internet über

dnb.dnb.de abrufbar.

Herstellung und Verlag: BoD – Books on Demand, Norderstedt

ISBN: 978-3-7534-2143-8

Eines Morgens im Herbst bringe ich unseren Kleinen (5) zur Kita. Zu der Zeit ging das nur zu Fuß und ziemlich langsam. Irgendwann fragt er mich beiläufig, warum wir nicht schneller gehen oder mit dem Fahrrad fahren und ob das mit meiner Krankheit zu tun hätte. Ich: Ja.

> Früher war ich nicht so wortkarg aber 8 Jahre Norddeutschland gehen an keinem spurlos vorbei.

Auf halber Strecke, an der Stelle, wo ich ihm letztes Jahr das Radfahren beigebracht hatte, fragt er mich, ob er es mir jetzt wieder beibringen soll! Um diese Uhrzeit konnte ich mich noch gar nicht entscheiden, ob ich lachen oder weinen soll. Wir schlichen einfach weiter.

Am Samstag machten wir uns dann gemeinsam, zunächst schiebend, mit unseren Rädern auf den Weg zu der Stelle und er fragt mich schon unterwegs, wo denn genau das Problem sei – beim Anfahren, bei den Kurven oder beim Anhalten, und er zeigt und erklärt mir ganz geduldig, wie man losfährt: Ein Fuß drückt auf die Pedale, mit dem anderen 1-2 mal kräftig anschieben und dann mittreten.

Fünf Minuten später schoben wir 1-2 mal kräftig an und radelten lachend zurück nach Hause.

Inhalt

Worum geht's?

Ich habe eine tolle Frau, zwei wundervolle Kinder, 5 und 10 Jahre alt, und erhole mich gerade von einem Schlaganfall.

> Früher gab es sowas nicht. Da hatte man Kinder mit 20 und Schlaganfälle mit 75 oder 90 – keine Chance, das zu vermischen. Ist auch gut so.

Bei mir kam das eine etwas später und das andere etwas früher – und plötzlich trifft man sich in der Mitte. Schlechtes Timing. Ich bin etwa gleich weit von 20 und 75 entfernt. Übermorgen werde ich 47.

> Vielleicht.

Ich bin zu meinem Geburtstag hier in einer Reha-Klinik, weit weg von zu Hause, dafür aber mit Ergotherapie und Neuro-Tests. Ich nehme das als Geschenk – es hätte ganz anders kommen können. Außerdem hat ein Geburtstag bei der 47. Ausgabe nicht mehr so ganz denselben Zauber wie bei der fünften. Dazu kommt, dass ich neuerdings auch noch am 11.9. Geburtstag habe – aus aktueller Perspektive ein mindestens ebenso feierwürdiger Termin.

> 2020, nicht 2001. Ich feiere seitdem jeden Monat, jede Woche und irgendwie auch jeden Tag.

An dem Tag ging es mit mir *schlagartig* bergab und – das ist das Wichtige – dann aber wieder bergauf.

Ich fiel von jetzt auf gleich aus dem Hamsterrad, von 100 (zeitweise auch mal 180) auf 0.

> auch mal ganz schön
>
> die Umstände aber weniger.

Diese Fußnote ist eine **absolute Ausnahme** und erklärt, wie man diesen ungewohnten Kommentarstil verstehen muss.

- Erklärungsversuch 1 (für normale Leute): Wer kennt sie nicht, diese Typen, die beim Erzählen immer wieder abschweifen, dabei, sprichwörtlich, "vom Hundertsten ins Tausendste" kommen und dann irgendwann nicht mehr zur ursprünglichen Story zurück finden? Ich habe eine gewisse Tendenz dazu und will mir meine abstrusen Nebengedanken und Seitenhiebe auch gar nicht jedes Mal verkneifen, "nur" um den Hauptfaden nicht zu verlieren. Damit wir gemeinsam den Überblick behalten, habe ich mir überlegt, jeden Gesprächsfaden auf eine eigene Kommentarebene zu setzen. Ich bin jetzt schon begeistert von der Idee und hoffe, wir gewöhnen uns gemeinsam daran. (Klammern, Fußnoten oder Randnotizen würden bei meinen Irrungen und Wirrungen irgendwann nicht mehr ausreichen.)

- Erklärungsversuch 2 (für Filmekucker): Man kann sich die Einrückungen hier vorstellen, wie die Stimme aus dem Off, die im Film oder in besonders schmalzigen Seifenopern vom Erzähler gesprochen wird: "Soll sie ihn küssen oder ist es noch zu früh?" Manchmal kommt dann noch ein Kommentar zum Kommentar von einem zweiten Erzähler dazu: "Er ist der Pferdebursche, jetzt küss ihn endlich!" ...und dann vielleicht noch ein dritter Spruch, von der bösen Stiefmutter: "Mmmm, als Kinder hatten wir sonntags immer Pferdefleisch." – Da kann man schon mal den Faden verlieren. Zum Glück mache ich keine Filme. Vielleicht dann doch mal einen Schundroman probieren?
  - Bursche: "Ich geb Dir gleich Pferdefleisch!",
  - Tusnelda: "Mir zuerst!", ...
Und dann als Nora Schinkenschreiber zu Platz 1 der Bücherliste durchgaloppieren.

- Erklärungsversuch 3 (für Nerds): Für Schachspieler und andere Strategen ist es ganz normal, erstmal den Blickwinkel zu wechseln und auch die Perspektive des Gegenüber mal einzunehmen, bevor man den nächsten Zug macht. Damit man dann beim Aufschreiben noch durchblickt, muss man die Perspektivwechsel kenntlich machen. Klammern sind üblich, Randnotizen können auch hübsch sein, Fußnoten gehen notfalls. Wenn der Einschub aber etwas länger wird (oder es sogar noch einen Einschub im Einschub gibt), dann explodiert der Rand oder Fuß -- so wie jetzt gerade -- und bei Klammern verliert man ganz schnell den Überblick und weiß am Ende nicht mehr, die wievielte Klammer sich gerade schließt und was zuletzt passierte, bevor sie aufging. Das Problem ist, dass der Aufschrieb von Texten naturgemäß eindimensional ist -- von links nach rechts (in den meisten Sprachen) -- und das zweidimensionale Blatt erst füllt, weil man die Zeile ab und zu umbricht und darunter neu beginnt. Harry Potter 5, mit seinen knapp 2 Millionen Zeichen, wäre sonst fadendünn -- aber, bei gängiger Schriftgröße, über 3 Kilometer lang. Und bei Einschüben wird der Hauptfaden unterbrochen, reißt womöglich, oder man findet ihn nur mühsam wieder und vergisst dann doch, worum es zuletzt ging. Deshalb nutze ich die zweite Dimension des Blattes nicht nur zur besseren Füllung sondern auch um meine Seitenhiebe optisch abzugrenzen, indem ich sie auf eine neue Zeile setze und grafisch begrenze.

Bei Tempo 0 angekommen, und dem worst case vorerst von der Schippe gesprungen, lerne ich, nach den ersten Schritten und inzwischen schon größeren Gehintervallen, gerade wieder, auf einem Bein zu stehen,

> Ich sage den Therapeuten manchmal, wenn ich fast umkippe, dass ich das früher auch nicht besser gekonnt hätte. Wir wissen dann alle, dass das ein Scherz ist. Lachen hilft.

will irgendwann wieder rennen können und mache mich auf die Suche nach dem Weiterweg.

Der Faden ist zum Glück nicht wirklich gerissen. Ich nutze die Auszeit, die mein Körper gerade fordert, um auch sonst mal nach dem Weg zu fragen.

> Hauptsächlich mich selbst.

Wenn nicht jetzt, wann dann?

Die Reise ist natürlich persönlich geprägt und motiviert, führt dabei aber entlang verschiedener Fragen über Kindheitsträume, Sinn und Unsinn, Stress, neue Arbeitsmethoden und das richtige Miteinander von Chef, Semi-Chef, Nicht-Chef, Ossi, Wessi, Frau, Mann, Kind und was noch so übrig bleibt.

> die Mücke nicht vergessen...

Ich denke und hoffe, jeder kann sich irgendwo wiederfinden und findet vielleicht sogar eine Gelegenheit, seinen eigenen Kompass zu eichen oder mir zu zeigen, wo meiner klemmt. In beiden Fällen wäre es ein Fortschritt.

Hamburg im Dezember 2020

Überblick verschaffen

Ich bin Mathematiker.

> ...wie man vielleicht nach dem spezifischen Gerede über textuelle Abbildung inhaltlicher Strukturen schon ahnen konnte.
>
> ...oder anhand meiner Haltung gegenüber Ingenieuren. (Kommt gleich!)
>
> > Scherz beiseite. Ohne Ingenieurskunst wäre Deutschland... höchstens... also bestenfalls...
> >
> > > ...ein bisschen wie Österreich?

Normalerweise endet das Gespräch an dieser Stelle.

> "Mathematiker" – nicht "Österreich".

Ganz oft. Diesmal ~~rede~~ schreibe ich einfach weiter.

Mathematiker wollen nicht rechnen, wir können es oft auch nicht besonders gut; wir suchen vielmehr nach Mustern und Gesetzmäßigkeiten,

> wir nennen das, wenn wir unter uns sind, "Strukturen",

die uns (allen) das Rechnen erleichtern sollen.

Dazu gehen wir oft gefühlte 1-2 Meter zurück vom unübersichtlichen Gewimmel und versuchen, uns einen Überblick zu verschaffen über die Zusammenhänge im Großen und Ganzen. Wenn man die erstmal richtig verstanden hat, ergibt sich der Kleinkram oft von selbst.

Ein Beispiel:

Wie viele Spiele braucht man für die KO-Phase eines Fußballturniers mit noch 16 Mannschaften?
Ein Ingenieur ;-) zeichnet den Turnierbaum auf,

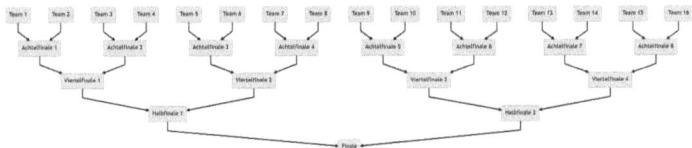

zählt die Spiele, 1+2+4+8, addiert fehlerfrei

> oder erinnert sich voller Stolz an die Summenformel für endliche geometrische Folgen, in diesem Falle
> $$2^0 + 2^1 + 2^2 + 2^3 = \frac{2^4 - 2^0}{2 - 1},$$

und ruft es laut aus: 15.

Ein Mathematiker freut sich über so virtuose Rechenkünste und sagt: In jedem Spiel fliegt einer raus, einer von 16 soll übrig bleiben, also 15 Spiele. Zack.

> Man kann die folgenden drei Seiten übrigens überspringen, ohne das Geringste zu verpassen. Lästereien über Ingenieure kommen später noch jede Menge.

Was so falsch sein soll an der Ingenieurlösung?

Nichts. Aber cooler war die andere Lösung schon. Und wenn das nächste mal 32 Mannschaften mitspielen, malt und rechnet der Ingenieur von vorne; der Mathematiker sagt direkt: 31.

Und was ist bei 19 Mannschaften? Das ist keine Zweierpotenz; da kann der Turnierbaum nicht mehr so schön ausgeglichen aussehen. Einige Mannschaften bekommen Freilose für die erste Runde, bevor sie spielen. Theoretisch könnte man auch noch Freilose für Runde 2 und 3 vergeben. Es gibt so viele Möglichkeiten, das Turnier zu gestalten. Haben diese vielen Turniere überhaupt alle dieselbe Anzahl von Spielen? Und wenn ja, welche?

Wollen wir nicht spätestens *jetzt* auf die Mathematiker-Perspektive wechseln?

Selbes Beispiel, kurzes Nachtreten:
Die Summenformel $q^a + \ldots + q^b = \frac{q^{b+1} - q^a}{q-1}$ für ganze Zahlen $a < b$ und alle $q \neq 1$ ist übrigens gar nicht so unnütz, wie ich sie gerade darstelle. Sie ist nur in unserem kleinen Turnierbeispiel ein offensichtlicher Overkill.

Wenn man, als fasziniert glühender Mathematiker, versucht, einem Ingenieur

jung, alt, taufrisch, erfahren, egal,

genau diese Formel nahe zu bringen, läuft das meist ungefähr so:

Ich zeige das jetzt mal für $q = 4$, $a = 2$ und $b = 10$, damit es nicht so gefährlich aussieht.

Es müssen ja nicht alle gleich glühen.

Tatsächlich machen wir aber nur Schritte, die man auch mit Variablen q, a und b machen würde.

Man nennt die (zu berechnende) Summe

$$4^2 + 4^3 + \ldots + 4^{10}$$

erstmal s und schaut sich, *spaßeshalber*, $4 \cdot s$ an, was dann ja

$$4^3 + 4^4 + \ldots + 4^{11}$$

ist. Diesen Schritt, alles mal 4 zu nehmen, sind die allermeisten Ingenieure einfach nicht bereit, mitzugehen, weil er eben etwas verspielt und nicht *offensichtlich* zielführend ist – der Schritt.

…jedenfalls nicht so zielführend, wie $4^2, 4^3, \ldots, 4^{10}$ einen nach dem anderen auszurechnen und zusammen zu addieren.

Ganz zu schweigen vom Hochgefühl, die ersten dieser Viererpotenzen beim Namen zu kennen.

Na, wenn *das* keine Mathematik ist…

Das ist noch nicht mal Kritik sondern ganz natürlicher Bestandteil des Berufsbildes des Ingenieurs: Kerzengerade aufs Ziel zulaufen. Extratouren sind für Spinner.

...und *da* kommen wir Mathematiker eben ins Spiel (und finden manchmal eine Abkürzung – mittels Extratour).

Aber dabei passiert bei genau diesem verspielten Schritt der ganze Zauber: $4 \cdot s$ und s sehen, als Summe ausgeschrieben, fast gleich aus (siehe oben) und unterscheiden sich nur bei s ganz links und bei $4 \cdot s$ ganz rechts. Der lange Teil von 4^3 bis 4^{10} kommt bei beiden vor! Wenn man die beiden also voneinander abzieht, d.h. $4 \cdot s - s$ berechnet, hebt sich fast alles weg und nur $4^{11} - 4^2$ bleibt übrig. Die Gleichung $4 \cdot s - s = 4^{11} - 4^2$ lässt sich nun ganz leicht nach s umstellen, wenn man bedenkt, dass $4 \cdot s - s$ gleich $(4 - 1) \cdot s$, also $3 \cdot s$ ist. Alles durch 3 teilen, fertig ist die Formel für s.

Ausrechnen und doppelt unterstreichen kann dann wieder ein Ingenieur. ;-)

Auch das ist Mathe: zwischendurch mal kurz dem Spieltrieb nachgeben und am Ende breit grinsen.

Hier wäre ein guter Punkt, wieder einzusteigen, wenn man die Rechnerei übersprungen hat.

Wichtig: Ein herzliches **Pardon** an alle Ingenieure, dass sie hier immer als Antagonisten für meine spätpubertären Scherze herhalten müssen. Beschwichtigend möchte ich hinzufügen:

1. Ich mag Euch in Wirklichkeit und respektiere Euch sehr! Ich könnte diesen wichtigen Job nicht machen.

    Dafür kann *ich* Mathe! :-)

2. Durch meine Studenten und etliche Kollegen ist mir diese putzige Spezies einfach ständig präsent.

3. Irgendeiner muss den Gegenspieler ja machen, und ich weiß, dass Ihr das gut aushaltet. Soziologen und Juristen dürfen zum Beispiel noch nicht mal ansatzweise mitspielen!

    Ein Hund bellt ja auch andere Hunde an und keine Goldhamster.

Jedenfalls sind es genau solche Denkweisen und Fertigkeiten – die Fähigkeit, den Kleinkram mal beiseite zu legen, zwischendurch vielleicht wie ein Kind zu spielen und sich vor allem einen *Überblick* zu verschaffen –, die Mathematiker im Studium lernen und die sie später für zahlreiche Jobs

> Chef, z.B.

qualifizieren – und nicht etwa, dass sie besonders gut rechnen können.

> Das können sie oft gar nicht. Außerdem gibt es dafür Computer. ~~Und Ingenieure.~~

Da sitze ich also, habe ja gerade so viel Zeit wie seit vielen Jahren nicht, gehe 1-2 Meter zurück und versuche, mir einen Überblick zu verschaffen:

wie ich hier gelandet bin, woraus mein Job eigentlich genau besteht, was ich als Kind mal werden wollte, was davon noch übrig ist,

> der schnöde Mammon lässt sich auch nicht ganz ignorieren,

Träume, Wünsche, Fähigkeiten, Sinn und wie es weiter gehen könnte.

Wer es schafft, sich diese Art von Fragen zwischendurch ab und zu zu stellen, möglichst ohne massive Bruchlandung zuvor, der/die/das ist wirklich schlau.

Mittlerweile sind Entwicklungen, vor allem technologische, so schnelllebig, dass kaum ein Job in 10 oder 20 Jahren noch so aussehen wird wie heute – oder gar wie wir ihn einst auserwählt hatten. Einige Berufe werden gar nicht mehr existieren. Konstanz bis zur Rente wird die Ausnahme; Manövrierfähigkeit und Flexibilität sind gefragt. Wir lernen in erster Linie das Lernen und ein paar Fertigkeiten und Denkweisen. Inhalte (für Job Nummer 1) kommen natürlich auch – aber an zweiter Stelle.

Abgesehen von technologischen Schwenks, die den einen oder anderen Job überflüssig oder zumindest müßig machen, könnten sich auch die eigenen Interessen im Laufe der Zeit vom einst gewählten Beruf weg bewegen – nicht nur umgekehrt.

Eine gelegentliche Inventur mit sich selbst ist also bestimmt kein Fehler.

Sinnvolles Tun

Fangen wir beim vielleicht schwierigsten Teil an: Sinn. Keine Angst, wir werden nicht versuchen, den Sinn des Lebens zu ergründen. Dazu fühlen wir uns nicht annähernd

> mit abschätzigem Unterton lesen:

eloquent genug.

Also: Bei welchem Tun verspüre ich Sinn? Würde es einen Unterschied machen, wenn ich es nicht täte?

> Unterschied machen: Für mich oder für andere?
>
> > Gute Frage.

Wenn ich zum Beispiel

> in einem besonders lichten Moment

700 Studis die Begriffe "Eigenwert" und "Eigenvektor" so erkläre, dass ich regelrecht hören kann, wie es (fast) 700 mal "klick" macht, dann bekomme ich, auch nach vielen Jahren im Job, immer noch eine Gänsehaut und freue mich abends noch darüber, dass ich so vielen Leuten etwas so wichtiges

> Keine Diskussion. Mein Buch.

beibringen konnte. Das war **sinnvoll**. Steuergelder verdient verdient. ☑

Wenn ich mir abends bei verschlossener Tür (unser großer Sohn kann schon ganz gut Englisch, der kleine merkt sich alles) Songs von der Bloodhound Gang anhöre

> mit Vorliebe die moralisch besonders inkorrekten
>
> OK, das war keine große Einschränkung.

und herzlich mitsinge, dann hilft das zunächst keinem außer mir selbst. Andererseits habe ich dann am nächsten Tag vielleicht wieder Kraft und Energie für den nächsten lichten Moment

> Als Nebeneffekt bin ich wie gereinigt von der ganzen political/gender/whatever correctness des vergangenen Tages – und kann mich morgen wieder korrekt wie ein Deckchen verhalten.

und dann, mit etwas Verspätung, hilft es vielleicht auch anderen. Und auch, wenn nicht, hatte ich trotzdem meinen Spaß.

> Nicht falsch verstehen – politisch bin ich völlig korrekt: Sobald ich anfange, CDU/CSU zu wählen, dürfen mich die Kinder ins Heim geben und bei AfD direkt in die Notaufnahme.
>
> Aber *sprachlich* wird der Alltag zunehmend zum Minenfeld: Studenten darf man nur noch Studierende nennen,

> Ich sag einfach immer "Studis" – und bin damit wahrscheinlich zu jeder Zeit inkorrekt.

Dozenten sind Dozierende, Flüchtlinge heißen Geflüchtete, Ausländer hießen zwischenzeitlich mal Menschen mit Migrationshintergrund und seit 2014 wird statt dessen empfohlen, "Diverskulturelle" oder "Menschen mit internationaler Geschichte" zu sagen. Wer da mittlerweile noch fehlerfrei durch den Tag kommt, der werfe den ersten Stein.

Dazu kommen diese vielen (m/w/d)-Fettnäpfchen – als ob wir alle Chauvis wären, und Frauen und Diverse bewusst ausschließen würden. Wenn ich über Ingenieure lästere, dürfen sich *selbstverständlich* auch Ingenieurinnen und Ingenieur-Diverse eingeschlossen fühlen!

Disclaimer: Im weiteren werden männliche Formulierungen der Gewohnheit halber gewählt, sollen jedoch weibliche und diverse Vertreter*innen nicht ausschließen. Nennen wir es rekonvaleszenzbedingte Trägheit meinerseits.

> Muss ich mir merken.

Manchmal kann ich schon fast verstehen, wie einer, der sich frei von der Leber weg kreuz und quer übers "Establishment" hinwegrüpelt, viele Sympathien sammelt. Aber Grenzen sind zweifellos wichtig.

Für Mathematiker sind Namen und Bezeichnungen eben lächerlich banal. Ich kann x auch y nennen – oder *Schnuckiputzi* – aber ich verstehe schon, dass sich Rassismus und Chauvinismus oft über Sprache ausdrücken und verbreiten, und, dass man dem vorbeugen muss.

Bei der Eröffnung eines Google-Kontos gibt es übrigens neuerdings beim Geschlecht auch noch eine vierte Option: "benutzerdefiniert"!

Dann öffnet sich ein Textfeld und man kann selbst reinschreiben, als was man sich sieht. Ich schreibe einfach mal "Mathematiker".

*in?

#HandKlatschtVorStirn

Mehr Musik!

Gar nicht so einfach, die Sache mit dem Sinn. Als Mathematiker habe ich gelernt:

Die richtige Frage zu stellen, ist manchmal schon die halbe Miete.

Also, da hätten wir schon mal:

- *Würde es einen Unterschied machen, wenn ich es nicht täte?*
- *Für mich oder für andere?*

Möglichst viele positive, am besten auch noch nachhaltige, Fußabdrücke im Leben von anderen hinterlassen zu wollen, ist sicher eine besonders fromme und ambitionierte Auffassung von "sinnvoll" – aber sicher nicht die einzig legitime.

> Man kann die Sache auch sehr viel bodenständiger und trotzdem sinnvoll angehen:
>
> Wir werden ungefragt in diese Welt geworfen und müssen sie auch unfreiwillig wieder verlassen. In der Zeit dazwischen wollen wir es uns möglichst gut gehen lassen.

Ärzte und Krankenpfleger sind, wenn ich an meine jüngere Vergangenheit denke, auf dieser "Fußabdrücke im Leben anderer"-Skala ganz weit oben.

> Wenn es aber bei denen mal daneben geht, dann ist es allerdings auch gleich richtig blöd.

Wissenschaftler

> Ja, Ärzte fallen im Idealfall mit in diese Kategorie.

stehen vermutlich naturgemäß auf dem "Fußabdruck"-Standpunkt, weil sie ja berufsmäßig Wissen – für alle – schaffen,

> und vielleicht auch noch anwenden helfen,

das vorher noch nicht da war.

Früher war mir das Anwenden "meiner" Mathematik nicht besonders wichtig. Irgendjemand wird es irgendwann *bestimmt* anwenden können, vielleicht. Das reichte mir, um mit einem zufriedenen Lächeln einzuschlafen, und das finde ich auch immer noch völlig ok.

Inzwischen finde ich auch noch jede Menge Sinn darin, die Anwendungen selbst zu sehen und mitzugestalten, bei der Bildverarbeitung zum Diffusions-MRT, beim Titan-3D-Druck von Flugzeugteilen oder bei der softwareseitigen Korrektur von chromatischer Aberration

> Das ist der Effekt aus dem TikTok-Logo.

in Kameras gemeinsam mit großen Unternehmen und Kliniken aus der Umgebung. Ich habe viel Spaß.

Prioritäten verschieben sich manchmal und neue Kicks kommen gelegentlich hinzu.

Die nächste "Leitfrage" bei der subjektiven Suche nach dem Sinn im Tun könnte so lauten: *Wenn ich finanziell ausgesorgt hätte und keinem Job mehr zum Gelderwerb nachgehen müsste, was würde ich dann den ganzen Tag tun?*

- reisen,
- gärtnern,
- Chips, Bier, RTL2,
- Hängematte,
- Freunde treffen,
- dasselbe wie im Job (ohne die hässlichen Bestandteile), ...

> in der Annahme, dass ohne die hässlichen Teile noch was übrig bleibt

Die Frage ist eng verwandt mit der Frage "*Was tun nach der Pensionierung?*" und die Antworten, die ich gehört oder erlebt habe, sind sehr unterschiedlich. Manchmal erlebt man einen Fokus auf Antwort 3, was auf die Dauer sehr schade ist, da es sich vom Warten auf den Tod kaum unterscheidet – außer, dass man das Absterben des Gehirns schon mal aktiv voran treibt.

Meine Antwort ist eine Mischung aus allen,

> in wohldosierter Form auch mal Nr. 3

mit erfreulich viel von der letzten, und vielleicht noch einem bisschen was von

- Bücher schreiben,
- ehrenamtliches Engagement,
  - Schöffe vor Gericht werden,
  - Sportverein,
  - Kindern die Angst vor Mathe nehmen,
- Bloodhound Gang mitsingen.

Die Denkarbeit bei der ganzen Sache muss natürlich jeder für sich selbst machen. Für mich lautet das Fazit, dass ich in meinem Job gar nicht so schlecht aufgehoben war.
Außerdem sind mir ein paar Dinge wieder eingefallen, die ich beim Hamsterrad-Marathon aus den Augen verloren hatte. Kommt gleich…

Ich würde die Sache mit dem Sinn aber auch nicht überstrapazieren. Ich kann Unsinn gelegentlich sehr genießen und bin großer Fan von Helge Schneider und Mr. Bean. Und hatte ich die Bloodhound Gang schon erwähnt? ;-)

> Beim Spruch, dass man nur so alt ist wie man sich fühlt, denke ich immer: Drölf!

Kindheitsträume

Wir sind vielleicht äußerlich nicht mehr ganz dieselben wie damals als Kind aber einige Ideale, Wünsche und Träume ziehen sich durch unser ganzes Leben, und es hilft bestimmt bei der Navigation, sich ab und zu daran zu erinnern.

In chronologischer Reihenfolge wollte ich als Kind folgendes werden:

- ~~Raumfahrer~~
- ~~Pilot~~
- Schriftsteller
- ~~Bergsteiger~~

Im August 1978, ich war fast 5, verfolgten wir am Fernseher völlig gebannt unseren ersten Deutschen im All – sieben Abende in Folge.

Unser Held hieß Sigmund Jähn und kam aus Morgenröthe-Rautenkranz im Vogtland, gleich um die Ecke! Einer *von uns* war im Weltraum.

Jetzt durfte groß geträumt werden. Wahrscheinlich wollten alle Kinder des Landes in diesen Tagen Raumfahrer werden.

Damals hieß das natürlich *Kosmo*naut. Ich übersetze heimlich nach Neudeutsch.

Ich ertappe mich manchmal schon dabei, wie ich "viertel nach drei" sage statt "viertel vier". #Kopfschüttel

Ich weigere mich hingegen weiterhin strikt, Quarkkuchen, in Ermangelung von Gouda und Edamer, als "Käsekuchen" zu bezeichnen! Sollen sich die Verkäufer*innen auf den Kopf stellen.

Käsekuchen (wahlweise mit Wurst oder Gemüse) nenne ich nach wie vor "Pizza".

Für das zügige Streichen des Raumfahrers von meiner Liste gab es plausible Gründe der Erwachsenen (medizinisch-sportlich besonders hohe Ansprüche; extrem geringe Wahrscheinlichkeit, tatsächlich "dran" zu kommen), die ich vielleicht nicht so schnell akzeptiert hätte, wenn der Wunsch tiefer verwurzelt gewesen wäre.

Der Pilot war ein Schnellschuss-Ersatz, der noch leichter weggewischt werden konnte ("Flugzeuge stürzen häufiger ab als Raumschiffe!")

Von relativen, statt absoluten, Häufigkeiten verstand ich noch nicht viel.

Ich konnte früh lesen, las viel und glaubte schnell, es selbst besser zu können – das Schreiben. Mein erstes Buch, wenn man es denn so nennen kann, war "Heidi". 10-15 Seiten, zwischen zwei Zeichenblockpapprückseiten als Einband,

> auf englisch braucht man dafür ungefähr sieben Wörter: cardboard back sheet of a drawing pad

mit Bildern von Ziegen, Heu, Almwiesen, Bergidyll, kein Text. (Ich war 5 oder 6 und konnte noch nicht wirklich schreiben.)

Mein erstes richtiges Buch, mit 8, hatte den grandios zweideutigen Titel "Das hohe Ziel" und erzählte die Besteigungsgeschichte des Matterhorns nach, von der ich in mehreren Büchern fasziniert gelesen hatte.

> Ich war Stammgast in unserer Dorfbibliothek.

Immer noch 8, kam als nächstes die deutliche Erweiterung mit dem etwas groß gegriffenen Namen "Der Alpinismus". Dort schrieb ich die Geschichte der Erstbesteigungen von Mont Blanc, Matterhorn, Eiger Nordwand, Nanga Parbat und Everest so auf, wie ich sie gern aufgeschrieben gefunden hätte.

> Das geht mir heute noch so: Wenn ich etwas schlecht erzählt lese / höre, will ich es am liebsten gleich gerade biegen.

Inzwischen gab es viele Wörter aber auch noch ein paar Skizzen.

Neben den Bergen zeichnete ich auch selbst ausgedachte Steighilfen, mit denen ich mir die Sache gleich viel leichter vorstellte.

Mit 9 folgte eine extended version vom "Alpinismus", diesmal inklusive K2 und mit Schreibmaschine, da mir meine Kinderschrift unangebracht schien. Nach einer holprig und unsauber getippten ersten Seite tippte meine Mutter, zu meinem größten Erstaunen, geduldig die vielen – von mir diktierten – weiteren Seiten.

Mütter tun Unglaubliches für ihre Kinder. Leider kann man es oft erst Jahrzehnte später gebührend einordnen, und manchmal ist es dann zu spät um "Danke" zu sagen.

Dankt Euren Müttern, so lange ihr könnt. Zumindest musste meine den 11.09.2020 nicht miterleben.

Der Bergsteiger auf meiner Wunschliste war die logische Konsequenz aus den Geschichten, die mich faszinierten – allerdings hauptsächlich wegen der konsequent gelebten Abenteuerlust in Kombination mit Perfektionismus und dem ewigen Verschieben der Grenzen des Machbaren.

> Ich lese immer wieder fasziniert Bücher von Reinhold Messner. Gerade liegt eines neben mir. Er schreibt auch noch mit weit über 70, rückblickend, dicke Bücher über sein Leben und gibt unter anderem obige Gründe immer wieder als seinen persönlichen Antrieb an.

Apropos "immer wieder":

> und bei allem Respekt...

Wenn man Wiederholungen und Selbstbeweih-räucherung streicht, kondensieren 300 Seiten zu vielleicht 50, plus dem vorgenannten Satz.

> Legenden dürfen sowas. Ich werde seine Bücher auch weiterhin kaufen und neugierig verschlingen!

Das Klettern selbst machte mir, wie sich herausstellte, gar keinen großen Spaß. Ein paar Schulfreunde und ich kletterten mit der Wäscheleine meiner Oma, meinem selbstgebauten Eispickel aus Holz und meiner Schwimmbrille (gegen Schneeblindheit, Tönung Stufe Null) im benachbarten Steinbruch. Zum Glück passierte niemandem was.

So verschwand auch der Bergsteiger von der Liste.

Im Englischen gibt es den Ausdruck "armchair mountaineer". Das hätte gut gepasst. Auch heute noch. Beruf ist es leider keiner.

> Mit unserem großen Sohn habe ich kurz vor seinem 9. Geburtstag zumindest mal versucht, die letzten 300 Höhenmeter der Zugspitze zu "klettern". Als wir im Splitt bei jedem Schritt rutschten, kehrten wir um.

Wir sind dann mit der Seilbahn zum Gipfel gefahren und zumindest die letzten Meter zum Gipfelkreuz noch selbst gestiegen – mit Fixseil und langen Warteschlangen.

> Also eigentlich fast wie am Hillary Step der Everest-Südroute!

In diesem Sommer waren wir zusammen auf dem Hasselbrack – mit 116 Metern der höchste Berg von Hamburg.

> Ohne Sauerstoffgerät!

Auf dem Gipfelstein steht sogar "höchster *Punkt* Hamburgs". Er ist tatsächlich 4 Meter höher als das Rathaus, allerdings nicht mal halb so hoch wie der Fernsehturm.

> Der Stein liegt vielleicht schon länger als der Turm steht.

Raumfahrer, Pilot und Bergsteiger waren also gestrichen. Meine Freude am Schreiben ging hingegen nicht weg. Aber mit dem zunehmenden Realisieren, dass meine überaus gekonnten Zusammenfassungen anderer Bergsteigerbücher keinen essentiellen Mehrwert generierten, stand ich mit etwa 10 vor dem Problem des fehlenden Inhalts.

Aber wo sich eine Tür schloss, ging eine andere auf: In der Schule machte mir Mathe viel Spaß, eine Begabung stellte sich heraus – und beides blieb auch. Bei Matheolympiaden in Klasse 5 bis 12 gewann ich Preise, am Ende auf nationalem Level (aber schaffte es leider nie in die Top 6 der Nationalmannschaft).

Nach dem Abi war das Mathestudium quasi *alternativlos*, und mit dem Abschluss hieß es mit Mitte 20: Zack – Mathematiker.

> Dabei stand der doch gar nicht auf *der Liste*!

Die Promotion begann nach kurzer Abwägung. Jetzt wurde offiziell geforscht, und endlich, nach 15 Jahren Flaute, hatte ich wieder Stoff zum Schreiben: Ich schrieb Artikel für Fachzeitschriften und bald auch eigene Bücher. In den Artikeln war kein Platz für große Geschichten, in den Büchern nur sehr wohldosiert. Aber Spaß hatte ich trotzdem, am Schreiben und an Mathe.

> Apropos "alternativlos":
>
> Nach Zeitzeugenberichten (von Kollegen) war Angela Merkel als Schülerin auch erfolgreiche Teilnehmerin an Matheolympiaden – mit Preisen auf Bezirks-Level (heute: "3. Runde" – die Besten des Bundeslandes).

Ich vertraue ihr, nicht nur deshalb, instinktiv viel mehr als z. B. Politikern, die sich mit anti-wissenschaftlichen Methoden den Doktortitel in softweichen Randwissenschaften erschleichen

> Frau Merkel hat ihren Doktor in einer richtigen Wissenschaft

> Moment... Bloodhound Gang...

~~in einer richtigen Wissenschaft~~ in Physik gemacht und macht keinerlei Geschrei darum.

und nur noch getoppt werden von bayrischen (inklusive fränkischen) Ego-Kaspern mit ~~republikanischem~~ ~~patriotischem~~ heimatlichem Flair.

> Am Rande: Die Wahlkreis-Karte von Bayern sieht ähnlich aus wie die eines republikanischen US-Bundesstaats: Auf dem Land wählt man die Kasper und in den großen Städten die anderen. Etwas weiter unten kommt nochmal was zu diesem Thema. Stichwort: Vollhorst.

Jetzt, wo in den USA das Kaspertheater vorbei ist, sollten wir aufpassen, dass wir in Deutschland keines anfangen. Wir brauchen mehr Städte!

Es gibt sicher politikwissenschaftliche Studien, woran dieses unterschiedliche Wahlverhalten in Stadt und Land liegt. Unterschiedliche Interessen, unterschiedlicher Zusammenhalt, ...?

Manchmal bricht sich mein Drang zum Schreiben auch im banalen Chef-Alltag Bahn. Dann schreibe ich Grimme-Preis-verdächtige Emails über Hochschulpaktmitteldefizit-kompensationsstrategien.

Das Wort versuche ich gar nicht erst auf Englisch.

Was für eine Verschwendung von Herzblut. Ein lustlos dahin getippter Fünfzeiler wäre völlig adäquat aber der Drang, den Schund wenigstens schön zu schreiben, ist zu groß.

Ich muss lernen, ihn anderswo zu kanalisieren. Ich glaube jedenfalls nicht, dass sich "Administrationslyrik" als literarisches Genre durchsetzt. Der Spagat ist etwas zu gewagt.

Der Zwang zur kreativen Finanzjonglage wird allerdings in den Jahren nach Corona nicht gerade nachlassen.

Jonglieren geht übrigens auch schon wieder. Mit drei Bällen!

Dass der Mathematiker nicht auf meiner Wunschliste landete, lag sicher auch daran, dass ich diesen Beruf als Kind gar nicht kannte.

> Tatsächlich lautet einer meiner Lieblingssprüche: "Mathematiker ist kein Beruf sondern eine Diagnose."
>
> Meinen großen Sohn habe ich mit 5 positiv diagnostiziert – kein Zweifel. Auch, wenn er mal Zahnarzt wird, wird er in Wirklichkeit doch Mathematiker sein.
>
> Der Spruch steht ein bisschen im Widerspruch zu der Tatsache, dass man Mathematiker überhaupt mithilfe eines Studiums zu irgendetwas ausbilden muss aber ein paar Denkweisen und Fertigkeiten (und Lästereien über Ingenieure) gibt es schon noch zu lernen.
>
> Außerdem verdreht man für so eine Punchline auch gern mal die Fakten – wenigstens ein kleines bisschen.

Ein Beruf, mit dem ich statt dessen schon sehr früh Berührung hatte, war der des Ingenieurs. Meine frühkindlichen Assoziationen lauten "in sich gekehrter Zahnradliebhaber, der gern allein in seiner Werkstatt schraubt".

Seitdem ich Ingenieurprofessoren kenne, vermischt sich mein Lexikoneintrag noch mit "Anzugträger, der zwischen Kommerz und Wissenschaft manchmal 'die Orientierung verliert' ".

> Ich weiß, in den meisten Fällen sind beide Bilder *völlig* unzutreffend und ungerecht. Aber bei 10 grünen und 2 besonders roten Ampeln merken wir uns vor allem die roten.
>
> Außerdem, ich weiß schon, ohne die deutsche Ingenieurskunst wären wir Österreich.

Blacklists führt man als Kind ja noch nicht...

Wo wir gerade beim (fast) völlig ungerechtfertigten Bashing sind: Auch heute gibt es noch die Berufsbezeichnung "Oberingenieur".

"Amüsiert" beschreibt meine zugehörigen Gedanken ganz milde. Das "Ober" vorm "Ingenieur" macht die Sache ja nicht gerade besser – ein bisschen wie "Voll" vor "Horst" – und das als stolzer Jobtitel! Auf sowas können auch nur Ingenieure kommen.

> Plot-Twist: Mein Lieblingsonkel heißt Horst und ist nicht nur deshalb mein Lieblingsonkel, weil er mein einziger ist. Er ist auch einer meiner Lieblingsmenschen.

Als Kind durfte ich mit ihm schon mauern, hämmern, Dach decken, meine kindlichen Ideen teilen und gemeinsam darüber lachen. Er ließ mich einfach machen und hatte keine Angst, dass ich ihm seine schöne Baustelle kaputt machte.

> *Vertrauen, wie er es mir damals schon schenkte, bewirkt in Kindern Unglaubliches –* und ist definitiv einer der Gründe, warum er auch 40 Jahre später noch mein Lieblingsonkel ist.

Als ich 9 war und wir eine überdachte Sitzecke bei ihm im Garten bauten, malte ich ihm einen raffinierten Schaltplan für die Elektrik und er schwört heute noch, dass er den Raum genau so verkabelt hat.

> Meines Wissens hat sich niemand einen Stromschlag geholt.

Das Licht funktionierte jedenfalls, hatte meine Wechselschaltung und den Dimmer.

Als Kind fragte er mich zur Begrüßung immer, ob mein Vater noch mit meiner Mutter "geht". Zum Abschied und zum Geburtstag wünschte er immer "allzeit gute Fahrt", und sein gut geformter Bizeps, so erklärte er, kam vom Klöße essen. (Ich mochte als Kind nämlich keine.)

Er ist inzwischen 80 und hat immer noch den Schalk im Nacken. Der Bizeps ist etwas flacher geworden. Wenn wir uns das nächste Mal treffen, sollten wir Klöße essen.

Dann gibt es aber noch ganz andere Horste. In Bayern zum Beispiel. Und *jetzt* sind wir wirklich beim Vollhorst.

Ich kenne sogar total nette Markusse. Andere sind wiederum Vollhorste.

Wer mit dem Wort "Vollhorst" nichts anfangen kann, kennt vielleicht "Vollpfosten". Das passt in den Fällen auch super.

Herrlich! In Mathebüchern kann ich sowas nie schreiben. Nur Formeln und unterdrückte Wut.

Kindheitstraum-Fazit: Irgendwann, klammheimlich, ist der Mathematiker mit auf die Wunschliste gekommen – und bleibt auch dort, am besten als Hochschullehrer.

Der Schriftsteller ist irgendwie auch nie weggegangen. Raumfahrer, Pilot und Bergsteiger bleiben gestrichen, Politiker geht gar nicht und der Ingenieur bleibt draußen.

frei nach Loriot

The wind of change

Es ist wie bei den Kindheitsträumen: Um herauszufinden, wo wir hin sollen, müssen wir verstehen, wo wir herkommen. Manche Erlebnisse hinterlassen Spuren, die wir nicht ignorieren können und sollten.

Bei prägenden Kindheitserlebnissen darf bei mir die politische Wende von 1989 nicht fehlen. Ich fange mal ein kleines Stück vorher, in den frühen 80ern, an:

Mein Vater war damals Chefingenieur

> wahrscheinlich ein besseres Wort für Oberingenieur

in der Motorenentwicklung von MZ – des besten (und fast einzigen) Motorradherstellers des ganzen Ostblocks.

Getriebe und Zahnräder waren sein heiliger Gral, und er fuhr immer die Modelle von Übermorgen – zur Probe. Ich durfte sie dann manchmal weiter fahren, wenn bei ihm das nächste Modell dran kam.

> Das dauerte schon mal einige Jahre. So schnell-lebig, wie die Industrie hier und heute ist, ging das damals natürlich nicht.
>
> Es gab immer 3-4 verschiedene Modelle, die im Alltag auf der Straße unterwegs waren, und wer cool war, konnte sie am Geräusch unterscheiden.

Ich nicht.

Meine Motorräder sorgten bei Kumpels für viel Aufsehen. Lange hatte ich eine 300er, die so nie in Serie ging. Vorher war auch mal nur der Vergaser an meiner 150er TS nicht-standard.

Mich interessierte das gar nicht so. Sie fuhren, und gefahren bin ich immer gern.

In den 90ern war die Weiterverwertungskette zwischen meinem Vater und mir mal umgekehrt, bei Computern. Inzwischen ist er auch da high-end.

Apropos Computer:

Eines meiner ersten Computerprogramme als Teenager

kurz nach "Hallo Welt"

berechnete die Zahnrad-Aufteilung eines geplanten 6-Gang-Getriebes für MZ.

Die Geschichte hatte allerdings andere Pläne mit MZ.

In den 70ern und 80ern durfte mein Vater dienstlich öfter reisen – sogar in "den Westen" –, denn er war Mitglied der Rennabteilung, und internationale Rennen zu gewinnen war oberste Bürgerpflicht.

Immerhin bekamen die Motorräder, im Gegensatz zu den Schwimmern, keine Pille ins Frühstück.

Ich selbst kam mit 14 auf eine Spezialschule mit Internat, allerdings nicht fürs Schwimmen sondern für Mathe und so. Ohne Pillen und Spritzen. Die Internationale Matheolympiade genoss bei der Staatsführung offenbar, zum Glück, einen geringeren Stellenwert als sportliche Wettbewerbe.

Mein Vater war dann immer 2-3 Wochen unterwegs, wir waren stolz auf ihn, und ich hatte zum Schulanfang einen Füller von Pelikan!

Gewagt. Mit West-Jeans hätte mich die Schule nach Hause geschickt.

Das erstaunliche war, dass er auch nach wiederholter Ablehnung des Parteibuches weiter mitfahren durfte. Offenbar brauchte man ihn bei den Rennen dringend. Aber West-Connections waren völlig tabu. Als Omas Cousine aus "dem Westen" mal zu uns nach Hause zu Besuch kam, musste sie das schicke Auto drei Straßen weiter parken.

Big Brother gab es damals an jeder Ecke und nicht auf RTL2. Es könnte tatsächlich etwa 1984 gewesen sein.

Ich bin nicht nur im Osten geboren, ich habe ihn noch bewusst miterlebt. Ende der 80er-Jahre war ich quasi fertig sozialisiert, desillusioniert und vorsichtshalber angepasst. Jedem war bewusst, dass das System moralisch und ökonomisch schwerkrank war und es so nicht weiter gehen durfte und konnte.

Ich war 1989 mit vielen anderen 15- und 16-jährigen Schlaumeiern im Mathe-Internat, und wir gingen ab Oktober immer Montag abends mit unzähligen anderen auf die Straße. Geschichte live statt nur im Klassenzimmer. Wir riefen "Wir sind das Volk!" und forderten Gehör, Demokratie, Rede- und Reisefreiheit, ein Ende der Bespitzelung und eine neue Staatsführung.

> Proteste gab es auch in den 40 Jahren zuvor schon viele. Die kleinen endeten im Gefängnis und die großen vor russischen Panzern. Diesmal wurde die Welle noch größer und unübersehbar – und in Russland regierte ausnahmsweise mal ein freier Geist, nachdem von 1982 bis -85 drei Führungsgreise in rascher Folge weggestorben waren. Die Gelegenheit war günstig.

Die Umorientierung der Partei ab Oktober, die Öffnung der Westgrenzen im November, die komplette Auflösung des Politbüros im Dezember, das waren natürlich historische Erfolge. Wir alle waren aus dem Häuschen.

Im Windschatten dieser Dynamik starteten im Winter neue Demonstrationen – diesmal mit der Parole "Wir sind *ein* Volk!". Keiner von meinen Mitschülern war dabei. Ich auch nicht. Generell demonstrierten da weniger junge Leute. Jetzt kamen die späteren CDU-Wähler auf die Straße, darunter viele, denen es im Herbst dort noch viel zu gefährlich war.

Jetzt, als der gemeinsame Feind, die Staatsführung, beseitigt war, zeigte sich, dass sich das *Volk* in Wirklichkeit nicht ganz einig war:

Die einen wollten eine deutsche und tatsächlich demokratische Republik, die anderen trauten dem Frieden nicht und wollten lieber Westautos.

Na gut, die Sache ist viel zu Ernst für dumme Scherze:

Es ging natürlich nicht nur um Autos. Die Wiedervereinigung war ganz klar ein Herzenswunsch in großen Bevölkerungsteilen – vor allem bei denjenigen, die schon etwas länger dabei waren.

Mein Opa freute sich bei der Fußball-WM 86, dass "Unsere" im Finale waren. Ich wunderte mich zunächst über den Ausdruck,

Argentinien konnte er doch kaum gemeint haben

fieberte aber natürlich auch für die BRD mit – vor allem, weil "Unsere" gar nicht dabei waren.

Für Opa war die deutsche Teilung immer nur ein hinkendes Provisorium. Ich kannte es nicht anders.

Ich war *wirklich* kein Anhänger des alten Systems. Ich feierte Lindenbergs Sonderzug und ging bei den *heiklen* Demos auf die Straße. Keiner von uns war bei der Stasi und nicht mal annähernd in der Partei.

Doch, Großcousin Bernd war explizit systemtreu, und wir hassten diese linke Socke. Der kam nicht ins Haus.

Vor Oktober 89 war "links" noch ein Schimpfwort – das Gegenteil von "recht(s)", wie"richtig". Das durfte ab da jeder für sich neu überdenken.

Viele benutzen das Wort immer noch genauso falsch und ziehen ihren Pullover vorm Waschen auf "links". #HandVorKopf!

Aber ich fand es super, dass nicht das Geld im Mittelpunkt stand. Kapitalismus belohnte zwar Leistung, hatte aber auch viele Haken. Wo ich herkam, gab es Arbeit und Wohnungen für alle, Kitaplätze und genug zu Essen. Man kriegte mit 19 das erste Kind, ließ sich mit 25 wieder scheiden

> zum Glück war ich erst 16

und machte sich zu keinem Zeitpunkt finanzielle Sorgen.

Geld war im Alltag sowieso nicht so wichtig. Eine Monatsmiete kostete kaum 5% vom Durchschnittseinkommen, die Streuung bei den Einkommen war nicht groß und beim Bäcker bezahlte man so ungefähr gar nichts… Das alles konnte sich wirtschaftlich nur schwerlich rechnen.

> Dafür gab es keine Bananen, keine Baustoffe, nur Einheitsklamotten und 2-3 Sorten Autos, für die man 18 Jahre warten musste und etwa ein (beim Trabi) oder zwei (beim Wartburg) Jahresgehälter bezahlte.
>
> Eine 2-wöchige Flugreise für uns drei nach Bulgarien

> oder ein Farbfernseher (mit Fernbedienung!)

war ein Hauptgewinn und kostete einen halben Jahresverdienst meines Vaters oder etwas über 7 Monate bei meiner Mutter.

Vor allem war das Land praktisch ein Gefängnis mit schießenden Grenzposten, Minen und Selbstschussanlagen, Spitzeln hinter jeder dritten Gardine, politischen Gefangenen und völlig unplausibler Propaganda ab Kindesalter.

> Die Grenze sollte uns offiziell vorm imperialistischen Staatsfeind schützen. Die Selbstschussanlagen zeigten komischerweise nach innen.

Jeder kannte das Gesamtbild: Soziale Sicherheit und menschlicher Zusammenhalt – aber auch ständige Knappheit, Bespitzelung und politische Gewalt.

Konnte es das eine nicht auch ohne das andere geben? Dumm war ich nicht direkt; etwas naiv darf man mit 16 schon mal sein, aber wollte man es nicht wenigstens mal ausprobieren?

Meine Eltern hatten da viel weniger Illusionen und dachten schon, ich sei während der Zeit im Mathe-Internat auf die dunkle Seite der (Ex-)Macht konvertiert. War ich nicht.

> Sie wussten auch nicht, dass ich mit den anderen Nerds im Oktober und November demonstrieren war. Mit 16 redete ich nicht so viel.
>
> > Ost-Teenager waren auch nur Teenager.

Ein menschliches Miteinander, in dem sich nicht jeder Schritt finanziell rentieren musste sondern nur das Große und Ganze, dazu ein soziales Auffangnetz, das nicht gleich zur Hängematte wird. Ginge das?

> Das dazu passende Volk muss vielleicht erst noch zusammengeklont werden.

Ich hatte keine Ambitionen, Politik und Ökonomie wirklich tief zu verstehen, las auch nicht Marx, aber war nach 16 Jahren einfach noch nicht verbittert genug, gleich alles wegzuwerfen.

Die Demonstranten vom Winter waren nicht einfach nur billige Mitnehmer unseres Momentums, sie *misstrauten* der neuen Führung. Natürlich durfte niemand von der alten mehr dabei sein aber auch kein Stasi-Spion, kein Ex-Militär und kein sonstiger Ex-Profiteur. Leider waren diese Gruppen nur so schwammig bekannt, dass man sich *nie* sicher sein konnte.

> Achtung, mathematische Poesie:

Eine Gleichung mit zu vielen Unbekannten.

> Ich hab Euch gewarnt.

Mit erwachsenen Augen gesehen, schien die Sache aussichtslos. Am Ende des Winters durfte das Volk entscheiden – zum ersten mal in einer richtigen Wahl, bei der niemand mit 99,8% der Stimmen gewann.

> Ich durfte noch gar nicht wählen aber war sehr gespannt.

Das Volk wählte die CDU, und wer Demokratie gefordert hatte, musste auch das Ergebnis aushalten können. Dann also Wiedervereinigung. Russland und Amerika stimmten zu.

Wer A sagte, musste auch B sagen, und meine Eltern mussten sich mit Anfang/Mitte 40 neue Jobs suchen in der entstehenden ökonomischen Wüste. Leider kamen noch erschwerende Umstände hinzu:

Die Treuhand, die in kurzer Zeit unzählige Betriebe privatisieren wollte und sollte, kam gar nicht hinterher und verkaufte viele Betriebe an irgendwelche schmierigen Geschäftemacher, die nebenbei noch Fördermittel veruntreuten und die berühmte "Buschzulage" einkassierten um einer ganzen Generation zu erzählen, dass ihre Arbeit und ihre Betriebe seit Jahrzehnten nichts taugten.

> Das war lachhaft, ignorant und herabwürdigend. Die Geländemotorräder von MZ, deren Motoren mein Vater konstruierte, hatten ihnen 1987 noch ihre gepamperten Westdeutschen Hintern rasiert und waren Weltmeister geworden. Die Strümpfe, die der Betrieb meiner Mutter herstellte, wurden unter bekannterem Namen für gute Devisen im Westen verkauft.
>
> Stimmt, die Betriebe waren zum Großteil marode aber die Leute hatten Unglaubliches geleistet, das plötzlich nichts mehr zählte.

MZ wurde tatsächlich nicht so wahllos verscherbelt. Nur einer der beiden von der Treuhand beauftragten Experten war ein vorbestrafter Betrüger.

Die Firma wurde dann doch noch jahrelang am Leben gehalten aber immer am Rand des Wachkomas. Wer wollte noch Motorräder von MZ kaufen, wenn neuerdings die ganze Welt offen war? Nachdem man 40 Jahre lang musste, wollte man erstmal nicht mehr. So ähnlich ging es den meisten Ostmarken.

> Rotkäppchen und Jenoptik haben sensationell überlebt. Und das Ampelmännchen. Und der Grünpfeil.
>
>> ...der aber vielerorts wieder abgebaut werden muss, weil die Wessis einfach nicht klar kommen.

Bei MZ kamen dann noch marktstrategische Fehlentscheidungen des nicht-kriminellen Experten dazu. Andere Geschichte...

Dass der absolute Großteil unserer Betriebe am internationalen Markt, ohne das rundum abgeschlossene Ökosystem Ostblock und ohne gewaltige Starthilfe, nicht gleich mit Gewinn arbeiten könnte, war keine riesige Überraschung.

Langfristig hätte sich manche größere Investition bestimmt gelohnt. Die Leute waren fleißig und wollten anpacken.

Den Großteil schnell stillzulegen

"abwickeln" hieß das damals auf bundesdeutsch

war auf kurze Sicht natürlich billiger und weniger riskant. Der waghalsige Umtauschkurs verstärkte das Fiasko täglich.

Hinterher sind wir alle schlauer...

Die Weichen dafür, dass der Osten 1990 wirtschaftlich so gar nicht auf Augenhöhe mit dem Westen war, wurden natürlich Jahrzehnte zuvor gestellt. Es begann damit, dass Russland den Osten nicht per Marshall-Plan und Luftbrücke aufpäppelte sondern ihm die besten Rohstoffe, etliche Bahngleise und gleich noch die meisten Menschenrechte nahm.

Klar, nachdem unsere Großväter im Krieg über 20 Millionen Russen umgebracht hatten,

OK, Schuldfrage erfolgreich auf Hitler zurückgeführt...

wurden wir quasi russische Gefangene auf deutschem Boden.

Für russische Verhältnisse war das natürlich eine sehr milde Form von Gefangenschaft; keiner musste Steine klopfen – zumindest nicht mehr, nachdem sie genug Uran für ihr atomares Wettrüsten von uns bekommen hatten.

Die eigene "Regierung" der DDR war jedenfalls ein Witz.

> Jetzt verstehe ich endlich den Begriff
> "Altherrenwitz".

Die Aasgeier mit der "Buschzulage" interessierte das alles nicht – sie sahen sich bestimmt selbst noch als Heilsbringer für uns Wilde. Natürlich waren das keine Diplomaten, die den Westen als Staat repräsentierten sondern Geschäftsleute, die den *Geist* des Westens von der schlechtesten Seite repräsentierten: Kommerz, Ellenbogen, dicke Hose, große Klappe und Ignoranz bei weitgehender Ahnungslosigkeit.

Das fing ja super an. Dafür war jedenfalls keiner von uns auf die Straße gegangen – weder im Herbst noch im Winter.

> Es gibt keine zweite Chance für einen ersten Eindruck.

> Und Kohl wollte den Friedensnobelpreis dafür haben. Faule Eier hat er gekriegt!

Der "Besser-Wessi" war geboren. Die "Jammer-Ossis" auch. Die "Mauer in den Köpfen" entstand und wuchs höher als die alte. Wir hatten keinen guten Start.

Inzwischen bauen immer mehr Köpfe die innere Mauer Stück für Stück ab. Unser kleiner Sohn war 2015 der erste geborene Wessi in der ganzen Familie. Sie lieben ihn trotzdem. ;-)

Den Zeitgeist im Osten der 90er-Jahre fängt folgender Witz ganz gut ein, den ich zuerst im TV von Regine Hildebrandt (Arbeits- und Sozialministerin 1990, "Mutter Courage des Ostens") hörte:

> "Warum brauchen die Wessis 13 Jahre bis zum Abitur? Weil ein Jahr Schauspielunterricht dabei ist."

Nicht nur bei ihr kam das aus tiefstem Herzen.

> Der Witz liegt mir immer noch *jedes Mal* auf der Zunge, wenn irgendein Bundesland wild diskutiert und dann von 12 auf 13 wechselt. Oder zurück. Oder beides, kurz nacheinander.
>
> Armer Schauspielunterricht.

Aber, ganz wichtig: Endlich Freiheit!

Auch die Treuhand-Geier hatten keine Leine.
"Freiheit ist immer auch die Freiheit der Andersdenkenden." (Rosa Luxemburg)

So langsam, 30 Jahre später, verstehen einige Demoskopen, warum viele ältere Ostdeutsche immer so schlecht gelaunt sind. Sie mussten damals Aldi-Bananen und VW-Polos mit ihrer Würde bezahlen und trauen inzwischen keinem mehr: Russen, Treuhand, Westdeutsche mit Goldbrille, Politiker, ... – Keinem.

Wir müssen jedenfalls aufpassen, dass die nächsten Bauernfänger nicht auch daraus wieder Profit schlagen. Man erkennt sie inzwischen nicht mehr an der Goldbrille.

So lange man diese gebeutelte Generation der heutigen Rentner-Ossis nicht endlich und unüberhörbar rehabilitiert, werden viele weiterhin irgendwelche Alternativen zu den etablierten Parteien wählen und absurdeste Theorien inbrünstig teilen, so lange sie gegen Merkel & Co schießen. Der Frust sitzt tief.

> Und jetzt muss mein Vater auch noch meinen Spott über Ingenieure aushalten. Nur Spaß, Papa!

Die "biologische Lösung" kann man sich abschminken. Die nächste Generation trägt den Konflikt längst stellvertretend mit aus.

Ich kann und will hier nicht wirklich die deutsch-deutsche Geschichte aufarbeiten. Das wird viel zu subjektiv und einseitig. Ich will nur festhalten, wie *ich* diese turbulente Zeit erlebt habe und verstehen, warum ich so bin wie ich bin und krame dazu etwas tiefer in der Erinnerungskiste.

Mir nahm niemand die Würde. Mir öffneten sich neue Türen. Es änderten sich zwar die meisten Spielregeln, meine Kindheitsträume änderten sich aber nicht.

Zeitsprung. Warum ich dann 2012 mit meiner Familie überhaupt in den Westen gegangen bin – statt in meinem "shithole country"

> frei nach Donald J. Trump

Ostdeutschland zu bleiben?

Ich hatte 2011 fast gleichzeitig drei Angebote für Professuren, eine davon im Osten, und entschied mich doch für eine im Norden vom Westen. Die Aufgaben waren die reizvollsten und die Herausforderung war am größten.

> Ja, die Bezahlung war auch die beste aber nur, wenn man sie nicht zu den Lebenshaltungskosten ins Verhältnis setzt.

Meine Frau und ich, wir hatten zuvor schon in verschiedensten Städten Sachsens gelebt, mehrere Jahre in England (ich sogar zweimal), hatten die exotischsten Ecken der Welt bereist und fühlten uns nun bereit für das *ultimative* Abenteuer: den Westen. ;-)

Zeit, dass auch wir die innere Mauer um ein paar Steine erleichterten. Wir waren beide sehr schnell froh, dass wir den Schritt gemacht hatten anstatt Vorurteile weiter zu brüten. Die Leute sind fast ganz normal!

> Ausnahmen gibt es hier wie dort, und mit den Norddeutschen lernt man auch irgendwann, klarzukommen.

Außerdem mischen sich hier die Kulturen und Nationalitäten, so wie wir es sonst nur aus dem Speckgürtel von London kannten.

> In manchen Stadtteilen ist sogar mein Schulrussisch nützlich wie nie zuvor.

Wir sind froh, dass unsere Kinder diese Vielfalt vom Kindergarten an ganz selbstverständlich mitbekommen.

Man erweitert ja beim Weggehen seinen Horizont und gewinnt einen frischeren Blick auf die alte Heimat. Kulturelle Vielfalt war dort ja nicht ganz so viel.

> ...bis auf den lokalen Dönermann und den Inhaber vom Chinarestaurant, der in Wirklichkeit Vietnamese ist.

Das ist alles ganz idyllisch, mit Gartenzwergen und Dorffest. Aber manche Jugendliche sehen dort mit 16 das erste mal jemanden mit anderer Hautfarbe live und reagieren mittelalterlich bescheuert. Was der Bauer nicht kennt...

Und dann wurde 2015 wild über Flüchtlinge (damals hießen sie noch so) phantasiert – und dabei gab es dort quasi gar keine. Als Ende des Jahres tatsächlich eine ausrangierte Werkshalle in der Kleinstadt, aus der meine Frau stammt, für die Erstaufnahme fertig gemacht wurde, war das Geschrei groß – was die Ausländer denn in ihrem schönen Städtchen wollten und wie die Kriminalität explodieren werde. Noch schlimmer war aber, als einige Wochen später fast alle Flüchtlinge bei Nacht und Nebel weiter zogen, vermeintlich in große Städte wie Berlin und Hamburg – einfach weg. Jetzt war das schöne Städtchen plötzlich nicht mehr schön genug!

Mit etwas Abstand betrachtet, sind viele Ossis auch nicht ganz knusper. Auch das verbindet uns.

Wir versuchen es mit dem besten aus beiden Welten und hoffen, dass sie für unsere Kinder irgendwann nur noch eine sind.

Unsere Jungs haben türkische, arabische und ghanaische Freunde; der beste Freund des Großen ist halb Rumäne, halb Aserbaidschaner; der beste Freund des Kleinen ist Fischkopp. Mein Hörsaal ist kunterbunt, beim jährlichen Feuerwehrfest gibts Bier, Bratwurst und Blasmusik, und in unserem Garten steht der 100 Jahre alte Gartenzwerg meines Urgroßvaters.

Oft verschwindet die Reserviertheit gegenüber dem Unbekannten (Wessis, Geflüchtete, Dunkelhäutige, der faule wilde Osten) schon, wenn man Terra incognita wenigstens mal kennen lernt. Meist lösen sich dann auch die lang kultivierten Schauergeschichten in Luft auf, und der ganze Spuk verschwindet wieder in dem Sumpf, aus dem er kam.

Der Abschnitt ist etwas länger geworden als ich wollte aber manchen Umbrüchen im Leben muss man sich wohl stellen um frei nach vorn schauen zu können.

Die Wendezeit wurde ein fester Teil von mir.

> ...und von Millionen anderen Ostdeutschen
>
>> Beim Alter machen da manchmal 5 Jahre schon einen großen Unterschied. Wer nach 1980 geboren ist, hat vieles ganz anders und manches gar nicht (bewusst) erlebt.

Bei CDU-Wählern werde ich wohl immer an die bequemen Materialisten der zweiten und dritten Stunde denken müssen, und wenn sich mal wieder alles ums Geld dreht, zeige ich innerlich allen den Finger, bin wieder 15 und stehe trotzig mit meinem kleinen Pappschild auf der herbstlichen Straße.

Was kann ich gut?

Die Dinge, die wir gern machen, sind oft auch die Dinge, die wir gut können.

Wir können sie gut, weil wir sie gern und deshalb oft machen. Wir machen sie gern, weil sie uns leicht fallen und wir darin besser sind als andere.

Ich glaube, was ich gut kann, ist:

* Mathe,

* komplizierte Dinge erklären,

* große Reden schwingen (z. B. über komplizierte Dinge),
  * in schriftlicher Form,
  * im Vortrag.

Bis auf eventuelle unentdeckte Talente (Heimwerken, Töpfern, Bloodhound-Gang-Karaoke?) war es das eigentlich.

Basierend darauf, sollte ich am besten Mathe-Dozent an einer Hochschule sein, Vorlesungen halten, junge Leute ausbilden und ab und zu ein Buch schreiben. Das kriege ich hin! Genau so hatte ich mir den Job auch vorgestellt, als ich mich darauf bewarb. Aber als Chef kämpft man ständig um Geld, Stellen, Räume und trägt den Kollegen auch manchmal die ~~Hausschuhe~~ Deadlines hinterher.

> ...wenn man den Job so macht wie ich – also bestimmt nicht richtig. Ich habe auch nie behauptet, dass ich sowas gut kann.
>
> Separater Abschnitt: weiter unten.

Wenn dann noch Corona dazu kommt, macht man fast nur noch administrativen Krempel.

Es sollte Leute für sowas geben, die sich diese Art von Job ausgesucht haben. Aber nicht so Verwaltungshengste

> und -stuten (sagt man das?),

die mit 50 anderen Verwaltungspferden im anderen Haus sitzen, dem Gesetzbuch die Füße küssen und den Wissenschaftlern erzählen, wo es lang geht. Sondern Kolleginnen und Kollegen, die denen mit dem höheren Titel helfen, das Richtige zu tun.

> Amen.

Ich habe beides schon erlebt. Bei unserer Uni ist das Zusammenspiel in den letzten Jahren eigentlich immer besser geworden. Am Ende kommt, wie so oft, ganz viel auf das respektvolle Miteinander an und auf gegenseitiges Vertrauen.

Trotzdem landet noch zu viel Admin-Kram bei den Institutsleitern und Dekanen.

Was mache ich eigentlich im Alltag mit meiner angestauten Wut? ...außer Sport und lauter Musik?

Ich muss wohl lernen, auch mal ein paar Leuten auf die Füße zu treten. Wie schlimm kann es schon kommen? Einmal durch die Hölle und zurück: kann ich.

> Muss aber nicht nochmal sein.

Manchen von uns steht ihre "gute" Kinderstube vielleicht ab und zu ein bisschen im Weg.

Angesichts Ort und Zeit meiner Erziehung war es zum Beispiel klar das Beste, die Klappe zu halten, zu lächeln und sich seinen Teil zu denken. Heute kann aber keiner mehr Gedanken lesen sondern alle wollen alles

> naja, vielleicht fast alles

ins Gesicht gesagt kriegen. Und natürlich gibt es hier und jetzt auch kaum noch jemanden, der den "Ost-Code" versteht:

Ich kenne 100 Sorten von "ja"; die Hälfte davon bedeutet *natürlich* "nein". Dazu beherrsche ich fließend das stumme "ich hab keine Zeit" und auch das höflicherweise unausgesprochene "erzähl das jemandem, den es interessiert". Komisch, versteht alles keiner! ;-)

> Für "jaja" wiederum kennen scheinbar alle die korrekte Übersetzung.

> Danke, Brösel!

Ich arbeite jedenfalls weiter an meinem Neudeutsch.
Interkulturelle Kommunikation...

Zurück zum Thema. Was kann ich gut?

Mathe: Meine früheste Erinnerung ist, dass ich bei der Schulvoruntersuchung von einer Frau gefragt wurde, wie ich drei Äpfel auf sie und mich aufteilen würde.

> Sie hielt mich offenbar für ein pfiffiges Kerlchen. Die anderen Kinder fragte sie (mit Hilfe von Äpfeln), wieviel 2+1 sei.

Ganz Gentleman, bot ich ihr zwei der drei Äpfel an, denn ich kam *wirklich* nicht auf die Idee, einen zu halbieren. Offenbar startete ich erst etwas später durch.

Unser großer Sohn ist da ein anderes Kaliber. Als er fünf (und somit in seinen Außen *groß*) wurde, wollte er genauso viel essen wie wir – und erschloss sich dadurch nebenbei die Bruchrechnung.

Einmal Samstags hatten wir zwei Pizzen für drei Leute

> sein kleiner Bruder war schon auf der Welt – aber zu der Zeit noch auf Flüssignahrung unterwegs

und er folgerte blitzschnell, dass jeder zwei Drittel Pizza bekäme. Er bemerkte traurig, dass das ja weniger als eine ganze sei aber immerhin mehr als eine halbe.

Ich gab ihm in allen Punkten recht und fragte, wieso 2/3 eigentlich mehr sei als 1/2. Er meinte, dass 1/2 ja 2/4 seien, und Drittel doch viel größer als Viertel wären.

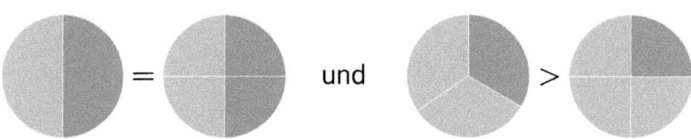

Fertig. (Den Beweisschritt, dass 2 Drittel demzufolge auch mehr als 2 Viertel sind, hat er mir wortlos selbst zugetraut.)

Er brauchte dazu keine Bruchrechenregeln

> die hat er bis jetzt (5. Klasse) noch nicht gelernt

und keine lange Erklärung, was ein Beweis ist sondern nur etwas Hunger und eine Vorstellung von zerschnittener Pizza.

Für mich war das ein ein erneuter Beweis dafür: Mathematik ist da. Man lernt sie nicht, man denkt sie sich nicht aus – man *entdeckt* sie.

> Ich hatte mit der ganzen Berechnung nichts zu tun – höchstens die Pizza gekauft.
>
> > höchstwahrscheinlich auch das nicht

Auch Kinder können Entdecker sein. Er war und ist jedenfalls einer. Diagnose: Mathematiker.

Wenn ich ihn mit sechs gefragt hätte, wie man drei Äpfel durch zwei teilt, hätte er mich wahrscheinlich ausgelacht.

Aus mir ist zum Glück trotzdem noch was geworden.   :-)

Ja, ich gehöre noch zu der Generation, deren Smileys eine Nase haben. In den 90ern war das so.

"Alte-Leute-Smileys" sagt man heute.

Ich hatte ab 1994 im Studentenwohnheim Internet. Zwei Jahre vorher hatten wir zu Hause gerade erst einen Telefonanschluss bekommen.

Fax und ähnlichen Kram haben wir direkt übersprungen.

Ähnlich wie die Mongolei, die direkt vom Feudalismus zum Sozialismus kam und den Kapitalismus glatt übersprungen hat – zumindest auf der Werteskala meiner Geschichtslehrer.

Und meine Oma hatte nie eine Spüle. Waschschüssel bis 1998, dann Geschirrspüler.

Wasser kann den flüssigen Zustand überspringen: "sublimieren".

Trockeneis auch.

Wo waren wir nochmal?

Mit sechs stellte er übrigens fest, dass die Quadratwurzel aus 1/4 ja 1/2 sein muss und war entsetzt, dass das Ergebnis größer war als die Zahl, aus der er die Wurzel zog – ganz im Gegensatz zur Wurzel aus 4, 49 oder 81.

Erklären: Es hat mich schon als Kind maßlos geärgert, wenn ein Lehrer nicht gut erklären konnte. Sich in den Kopf von jemandem zu versetzen, der die betreffenden Inhalte noch nicht kennt, ist nicht immer leicht – vor allem wenn sie einem selbst seit Jahrzehnten völlig vertraut sind. Aber manche Leute versuchen es scheinbar erst gar nicht.

Ich war ein guter Schüler und Student aber ich war im Studium vielleicht nicht immer der Schnellste. Das ist auch heute noch so. "Schwer von Begriff" geht in die richtige Richtung aber vielleicht doch einen Tick zu weit.

Jedenfalls hilft mir dieser Umstand manchmal, denn *wenn* ich es dann verstanden habe, kann ich es *jedem* erklären. Der Trick ist simpel:

Ich erkläre die Dinge so, wie ich sie selbst gern beim ersten Mal gehört hätte. Wenn sie sogar mein schwerfälliges Ich versteht, dann auch jeder andere.

> Apropos "beim ersten Mal":
>
>> Keine Angst, so persönlich wird es nicht.
>
> Auch in der Lehre gibt es keine zweite Chance für einen ersten Eindruck:

Mein Physiklehrer in der 7. Klasse hat beim ersten Mal Adhäsion und Kohäsion verwechselt

> ...inklusive falscher Merkregeln für die falsche Zuordnung!

und korrigierte den Fehler erst in der nächsten Stunde. Ich bin seitdem bei dem Thema raus und weiß nur, dass ich mit 50:50 richtig liege, wenn ich "Adhäsion" sage.

Take-home message: Schwächen können manchmal das Tor zu einer neuen Stärke sein.

Manchmal komme ich beim Erklären etwas nahe an den "Sendung mit der Maus" Modus, was beim Gegenüber Verärgerung hervorrufen könnte. Manchmal sind solche Bedenken aber auch unnötig.

Ich hatte mal, aus einer Laune heraus, lineare Abbildungen mit Kühen und Schweinen erklärt und mich dann schlecht gefühlt, weil ich dachte, die Studis sind beleidigt und denken, ich halte sie für Volldeppen. Dem war aber nicht so. Sie kannten mich lange genug um mir nichts schlechtes zuzutrauen und wollten wissen, wie die Bauernhofgeschichte weiter ging. Also traute ich mich und spann die Geschichte weiter, über Gewicht und Preis bis hin zum Metzgervektor und den Darstellungsmatrizen. Wir hatten Spaß und ein Bezugsmodell auf emotional-ländlichem Level, an das sich später, bei schwierigeren Zusammenhängen, jeder erinnern konnte. Gegenseitiges Vertrauen.

Die Geschichte begann übrigens wie ein modernes Märchen: "Eine Kuh und ein Schwein spannen einen Vektorraum auf."

Wer will *da* nicht wissen, wie es weiter geht?!

Je länger ich den Job mache, desto mehr glaube ich, dass es gar nicht immer so genau darauf ankommt, "da vorn" die richtigen *Dinge* zu erzählen

Richtig sollten sie schon sein!

zum "Beweis", dass ich *richtige* Sachen erzähle, ein Auszug aus einer Studi-Evaluation: "Der Professor erklärt schwere Themen sehr verständlich und *ist mega korrekt*."

Aber die Auswahl an passenden Dingen ist sehr groß und man kann eben nicht alles erzählen.

sondern die richtigen *Werte* vorzuleben. Präzision, wo es sein muss; auch mal locker abschätzen, wo es reicht; Hartnäckigkeit; Ehrlichkeit; Wertschätzung; Vertrauen. An die genauen Details erinnern sich nachher sowieso die Wenigsten – außer vielleicht, es ging um Kühe und Schweine.

...kann man natürlich nicht jedes Mal machen.

Große Reden schwingen: Keine Ahnung, wie ich darauf komme.

Was war eigentlich passiert?

Antwort für Mediziner: spontane Vertebraldissektion mit den üblichen Folgekomplikationen

Für alle anderen: Am 11.9., morgens um 3, wurde ich durch eine Mücke wach.

> schon 3 Stiche, ich leise fluchend

Kurz darauf schwankte alles, mir wurde übel und ich wankte zur Toilette. Soweit keine Katastrophe – wenn nur am Vorabend wenigstens eine heftige Party gewesen wäre.

Aber auch mit leerem Magen wurde es nicht besser sondern eher immer schlimmer. Meine Frau war wach geworden, schaute innerhalb kurzer Zeit zweimal nach mir und fand den Zustandswechsel zwischen erstem und zweitem Mal bedenklich genug, die 112 zu wählen. **Puh!**

Die Sanitäter kamen schnell, zogen nach kurzen Tests die richtigen Schlüsse und fuhren mich zur nächstgelegenen Klinik mit Stroke Unit. Die Diagnose war da schon allen klar.

Zu dem Zeitpunkt konnte ich bereits weder gehen noch reden, erinnere mich aber an jede Sekunde: den Transport durch unser Treppenhaus, die Trage vor der Haustür, die Ratterfahrt über unseren kleinen Weg, die Fahrt im RTW mit Blick zur Decke und auch, dass der RTW in die falsche Richtung losfuhr.

> Das lag sicher daran, dass zwei Linksabbiegungen auf den nächsten 200 Metern schneller gemacht waren als eine 180°-Wendung in unserer kleinen Straße.

Ich hatte zu jedem Zeitpunkt Vertrauen zu den Jungs und hatte sowieso genug mit mir selbst und meiner Spucktüte zu tun. Die Fahrt war zügig und stückweise mit Signalhorn. Die Übergabe an die Klinik war mit viel Tempo, Routine und etlichen Leuten verbunden. Covid-Teststäbchen, Motorik-Tests, Patientenarmband, T-Shirt zerschnitten, Elektroden geklebt, Zugang in den Arm, CT.

Jemand bedauerte die diensthabende Neurologin, dass ausgerechnet in ihrer Schicht immer solche Fälle kämen. Ich war also "so ein Fall" und man schien irgendwie nicht davon auszugehen, dass ich mich morgen noch an den Gesprächsfetzen erinnern konnte.

> Na prima.

Während der ganzen Aufnahme fielen übrigens nicht einmal die Worte "Schlaganfall" und "halbseitige Lähmung" – nur "ischämische Attacke" und "Hemiparese". Fachsprache verbindet Fachleute und vermeidet Panik bei Laien.

> Hat funktioniert!

Nach dem CT kam eine "Lyse" genannte Infusion an den Zugang, um alle Festkörper, die in meiner Blutbahn nichts zu suchen hatten, aufzulösen.

> Es gibt auch Schlaganfälle, wo nichts verstopft ist sondern ein Gefäß ausläuft und sich schnell verschließen sollte. Dort wäre die Lyse genau das Falsche. Deshalb wird vorher ein CT gemacht.

Es ging weiter bergab, vor allem seit der Lyse, und meine Sprache reichte nur noch für Vokale und längst nicht mehr für "die Lyse macht alles nur noch schlimmer". Die rechte Körperhälfte verabschiedete sich langsam aber sicher. Die Option, die Nadel (rechts) mit der linken Hand herauszuziehen um die Talfahrt zu stoppen, kam in die ganz enge Auswahl. Alternative: **Bodenloses** Vertrauen in die Profis. Wie beim RTW wendet sich bei der Lyse vielleicht doch noch alles in die richtige Richtung.

Ab einem Punkt waren Arm und Bein rechts praktisch komplett weg. Wenigstens einen Finger leicht zu bewegen, war wirklich schwer.

> Vor 25 Jahren habe ich regelmäßig 100 Kilo gehoben. Das hier war schwerer.
>
> > 100 Kilo hebt man ja auch nicht mit einem Finger.

Fuß wackeln: genauso schwer. Ich nickte hundemüde ein. In der zweiten Infusionsflasche, die neben der Lyse hing, war bestimmt nicht nur Mineralwasser.

Wenigstens die Übelkeit ließ nach. Beim über-über(?)-nächsten Erwachen war der Arm etwas wärmer, später hat der Finger eindeutig gewackelt. Fuß auch. U-Turn!

Tage und Untersuchungen später wird man mutmaßen, dass der Thrombus, der zunächst die Versorgung des Kleinhirns verstopfte,

> Sitz des Gleichgewichtssinns – daher der Schwindel...

unter der Lyse zerbrach, teilweise weiter schwamm, und im Mittelhirn für Ärger sorgte, was die Verschlechterung erklärt.

Die Lyse laufen zu lassen, bis alle Teile aufgelöst waren, war also genau richtig.

Stunden später versuchte ich schon wieder, die rechte Hand wie ein bequemes Kissen unter den Kopf zu schieben. Gefühlt hatte es geklappt. Tatsächlich lag sie, Handfläche nach unten, auf der Brust.

Immerhin – eine große Bewegung! Von da an übte ich viel.

Einen halben Tag später konnte ich wieder langsam sprechen. Am 2. Tag stand ich, mit viel Unterstützung,

> im wahrsten Sinne des Wortes

vor meinem Bett.

Der erste Schritt allein kam später. Das Gleichgewicht sollte monatelang eine größere Baustelle bleiben.

Zeitsprung. Die Entlassung nach Hause war befreiend und beängstigend zugleich. Sind sich diese Ärzte wirklich sicher, dass ich schon wieder ohne Überwachung, Visite und Notrufknopf "da draußen" sein kann?

Das Patientenarmband,

> ähnlich wie im All-Inclusive-Urlaub, nur mit Name, Nummer und Scancode,

vom linken Handgelenk abzureißen, setzte diesen Schritt "nach draußen" haptisch und unumkehrbar um. Ich weiß nicht, wie beim Anlegen des Armbandes die Chancen standen, dass ich es mir später selbst, und mit der rechten Hand, abmachen kann.

Als Mathematiker lästert man ja nicht nur über Ingenieure

> Im Scherz! ...Österreich

sondern manchmal auch über Mediziner. Aber seit kurzem verneige ich mich dankbar vor den Errungenschaften der modernen Medizin!

> Erst wollte ich "moderne" in Anführungsstriche setzen. Man sagt das zwar so aber wann hört denn die "alte" Medizin auf und fängt die "moderne" an? Anführungsstriche wirken wiederum so, als ob man es ironisch meint – das passt gar nicht mehr.

Mit etwas Abstand und zurückkehrendem Biss denke ich schon wieder: Natürlich, CT und MRT sind Physik mit viel Mathe, und Medizin ist Lehrbuch (erstellt in Tausenden von "Experimenten") plus Biologie, Chemie und angewandte Statistik. Biologie und Chemie sind wiederum Lehrbuch plus Physik, was ja angewandte Mathematik ist. Statistik... irgendwie auch.

> Im Hörsaal würde man jetzt sehen, dass ich scherze.

Resumé

Wie vom Zug überrollt. Was war **das** denn?

Heilfroh, noch hier zu sein, alles wieder bewegen zu können, langsam wieder auf die Beine zu kommen, einigermaßen klar denken und auch wieder sprechen zu können, kommt die Zeit zum Nachdenken. Viel Zeit.

Einen so kritischen Zustand zu überwinden, sich irgendwie aus dem Schlamassel heraus zu kämpfen, geht nicht spurlos an einem vorbei. Ab jetzt ist alles Bonus. Die Reise hätte vorbei sein können.

Befindlichkeiten wegen Lappalien, zum Beispiel chronisches "mir ist zu warm / zu kalt / zu zugig" fand ich schon immer extrem Panne – mal ganz milde ausgedrückt. Inzwischen stört mich fast gar nichts mehr. Maske auf, Brille beschlägt, Kneipen zu, Weihnachten in kleinster Runde, Silvester ohne Böller: geht klar. Es könnte schlimmer sein.

> Für die vielen Leute, deren finanzielle Existenz durch Corona kaputt geht und für einsame Menschen in Seniorenheimen und Kliniken ist das natürlich wirklich katastrophal – aber alle anderen sollten sich mal in der Welt umschauen, wie gut es ihnen dennoch geht.

Ich habe irgendwie auch weniger Angst, vor was auch immer. Den Traumjob infrage zu stellen um zu schauen, ob man noch besseres verpasst, hätte ich mich vorher nie getraut.

> Womöglich sage ich demnächst noch Leuten ins Gesicht, dass ich gerade Wichtigeres zu tun habe.

Aber auch andere Dinge ändern sich – ganz unbewusst. Es fängt an mit der Dankbarkeit, jeden Morgen aufzuwachen und die Welt dreht sich noch.

> zum Glück nicht wieder vor meinen Augen

Wenn man sich mal die Zeit nimmt, darüber nachzudenken: 100.000 Kilometer Blutgefäße, die 100.000 Druckstöße am Tag aushalten müssen, durchziehen unseren Körper. Der besteht aus 100 Billionen Zellen, das sind 100.000.000.000.000 Zellen, die sich ständig erneuern: vervielfachen und absterben. Wenn bei den größeren Blutgefäßen etwas schiefgeht, wird es schnell ein Schlaganfall, eine Lungenembolie oder ein Herzinfarkt, und wenn die Balance beim Erneuern und Absterben der Zellen aus dem Ruder läuft, wird es ein Tumor.

Angesichts der obigen Größenordnungen sollten wir uns jeden Morgen bedanken, wenn wir aufwachen – nicht umgekehrt – und jeden Tag Geburtstag oder ähnliches feiern.

> Eher so innerlich. Nicht immer mit Tröte und Konfetti, sonst kommen wir morgens gar nicht in die Pötte.

Zurück zu mir:

Riesiges Glück gehabt!
Meine Frau und die zügige 112, sehr gute Erstversorger, der Thrombus hat sich lange am Kleinhirn aufgehalten und ist erst später, als er halb aufgelöst oder zerbrochen war, zum Mittelhirn weiter geschwommen, dabei vielleicht ein paarmal günstig abgebogen. Außerdem war ich wach um die Verbindung zu Arm und Bein zurück zu erkämpfen, wenn sie gerade abzureißen drohte...

Apropos, ich war wach: Am Ende muss ich vermutlich der Mücke danken, ohne die ich vielleicht alles verschlafen hätte, bis es am Morgen zu spät gewesen wäre. Irre. Einer Mücke!

Aber auch: *Ganz schönes Pech gehabt!*
Warum passiert mir so ein Mist? Irgendwann, 2-3 Wochen zuvor, muss ich mir den Kopf blöd gestoßen oder anderweitig eine Art Schleudertrauma oder ähnliches eingefangen haben und dabei, offenbar unmerklich, eine Arterie am obersten Halswirbel verletzt haben. Der Rest ist Gerinnung, Ablösen, Irrfahrt und Schicksal. Auch verrückt!

In der Klinik wurde die Ursache zuvor akribisch gesucht, was nicht nur für die folgende Behandlung sondern auch für einen kausal aufgestellten Typen wie mich wichtig war.

Die typischen Ursachen für Schlaganfall lauten:

- Bluthochdruck

- Übergewicht

- Rauchen

- Alkohol

- Diabetes

- Arteriosklerose, hohes Cholesterin

- hohes Alter

- bestimmte Herzprobleme

Beim Alkohol lag ich mit ca. 3 Bier pro Woche etwa in der Mitte des grünen Bereichs, bei allen anderen war ich wirklich tief im Dunkelgrün.

Mein LDL (Cholesterin) war bei 83, mein BMI bei 24. Mein Blutdruck liegt meistens bei 125/80. Ich trinke keinen Kaffee.

> Ich mag den Geruch aber er schmeckt mir überhaupt nicht.
>
> > Socially awkward, ich weiß.
>
> Meine Großeltern hielten "ich mag keinen Kaffee" für eine ernst zu nehmende Behinderung. Ich habe noch keine passende Armbinde gefunden. Aber ich denke, ich weiß, wie sich Vegetarier im Steakhouse fühlen.
>
> #AlleinUnterJunkies

Ich trinke hauptsächlich Wasser

> auch noch ohne Blubber

und öfter mal Bier. Und ich mag Currywurst und hasse Rosenkohl!

> Das allein wird's nicht gewesen sein.

Fast vergessen: Ich rauche nicht. Und ich beneide auch keine fetten, rauchenden Alkoholiker darum, dass sie den ganzen "Spaß" haben und ich den Schlaganfall. Wenn jemand seinen Körper derart schindet, weil er/sie/es anders keinen Spaß/Sinn/Kick... findet, dann ist das nicht gerade beneidenswert.

Wenige Tage zuvor war ich noch gejoggt und 2 Wochen davor noch 50 Kilometer in 9 Stunden gewandert.

> Sowas macht man ja auch nicht. Am Ende hab ich mir dabei das Genick verrenkt. :-)

Die Physiotherapeuten, die mich bei den ersten Schritten noch zu zweit stützten, führten die relativ steile (Wieder-) Lernkurve im motorischen Bereich auf ein gutes Paket aus Körpergefühl und Fitnessstand "davor" zurück.

Fit zu sein, kann einen leider nicht komplett vor einem Schlaganfall bewahren, es kann aber zumindest dabei helfen, danach besser wieder zurück zu kommen. Ich war Anfang September so fit wie seit Jahren nicht, und vielleicht war das auch gut so.

Jedenfalls, kein Kästchen annähernd angekreuzt, wurden Herz und Blut gründlich untersucht und nichts Auffälliges gefunden.

> Man geht auch mit einigen guten Nachrichten nach Hause und lernt, sie gebührend zu schätzen!

...außer einer vor Jahren überstandenen Borreliose.

Beim MRT wurde dann die seltsame Stelle an der Arteria vertebralis entdeckt, die sich beim näheren Hinsehen als sogenanntes *Dissekat* entpuppte: Durch eine kleine Verletzung der inneren Schutzschicht der Gefäßwand hatte Blut die Gefäßwand aufgeweicht und etwas dick und matschig gemacht. Der Durchfluss wird enger und im "Matsch" entstehen eventuell kleine "Nebenflüsse" und irgendwann Gerinnsel,

> Die Bombe tickt, meist im Stillen.

die eines Tages mit dem Hauptstrom Schwimmen gehen und die nächste Verengung verstopfen.

Dies ist das Szenario, das im Nachhinein als *die Ursache* skizziert wird.

> Als Mathematiker würde ich in so einen Satz immer noch die Worte "mit hoher Wahrscheinlichkeit" einbauen. Bei Medizinern steht dieser Zusatz sicher so oft im Raum, dass sich die meisten Beteiligten dessen bewusst sind und ihn daher auch weglassen können.

Ein bisschen war mein Eindruck jedenfalls so:

> Wir finden nichts anderes. Das hier sieht komisch aus.
> Das nehmen wir.

Immerhin! Dann nehmen wir das. Bei welcher dummen Bewegung das Gefäß verletzt wurde, lässt sich jetzt nicht mehr herausfinden.

Zur Auswahl standen: ein kräftiger Nackenschlag mit einer Stange, ein Auffahrunfall mit Schleudertrauma, ein übermotivierter Chiropraktiker mit Schwitzkasten-Ratsch-Nackenbehandlung und Pech. Es blieb nur das Pech übrig.

> Im Nachhinein fiel mir noch ein, dass ich mir öfter den Kopf am Eingang unseres Fahrradschuppens gestoßen habe, den irgendwelche ver*#%\ten Pygmäen auf 1,57m Höhe bemessen hatten,
>
>> Die *Quadratmeter* sind teuer, nicht die Höhe! Pfeifenköppe...
>
> bevor wir das Haus im letzten Jahr kauften. Wenn ich mich besser fühle, reiße ich das Ding rituell ab und baue uns an anderer Stelle einen gescheiten Schuppen. Egal, ob er Schuld war oder nicht.

Künftig deshalb den ganzen Tag im Bett zu verbringen, ist auch keine Option.

> Da fehlten nur noch Chips, Bier und RTL2. Dann kann der Tod kommen.

Ich hadere nicht mit dem Schicksal, dass es mich erwischt hatte – ich bin froh, dass es mich nicht schlimmer erwischt hat.

> Mahatma Glück, Mahatma Pech, Mahatma Gandhi... (Bernd Stelter)
>
> > ...die ganz großen Philosophen heute wieder...
> >
> > Das war kurz nach "Ich hab drei Haare auf der Brust, ich bin ein Bär."

Kürzlich sagte mein Hausarzt mal, eher so halblaut und nebenbei,

> beim Alte-Männer-TÜV

den Satz, dass mich an dem Schlaganfall ja wirklich gar keine Schuld trifft.

So überflüssig es manchmal scheint, das Offensichtliche auszusprechen, so wichtig ist es manchmal auch. Ich wusste bis dahin eigentlich selbst, dass ich meinen Körper nicht so lange schlecht behandelt hatte, bis ich umfalle und meine Familie ins Fiasko stürze. Aber es vom Doc zu hören, ist Freispruch und Erleichterung zugleich.

Einen hab ich noch: Ich weiß, dass einige Leute mit halber Kraft leben, weil sie große Angst haben vor einer garstigen Krankheit, die Opa, Tante oder sogar einen Elternteil ereilte; sich gedanklich schon mal bereit machen und quasi vorauseilend in Schockstarre verfallen.

Ich will das überhaupt nicht ins Lächerliche ziehen und habe selbst Verwandte im engsten Familienkreis durch wirklich hässliche Krankheiten verloren. Man sollte die Vorsorgeuntersuchungen auf jeden Fall ernst nehmen und sich an den Rat der Ärzte halten.

Aber: Stellt Euch mal vor, nach all den Jahren Vorbereitung kommt gar nicht die befürchtete Krankheit – sondern ein Bus, den ihr in der Eile überseht oder eine Schuppentür von 1,57m Höhe...

Ah, doch noch einer:

leider etwas länger...

Ich habe in den letzten Wochen wirklich tolle Ausbildungsberufe gesehen. Manchmal habe ich mir gewünscht, meine 1200 Studis, die das Studium für *alternativlos* halten, könnten das mit mir sehen.

...alternativlos, weil seit der 5. Klasse alles auf eine politisch gewollte Studierendenquote von fast 60% pro Jahrgang hinsteuert, bis die Hälfte der Mädels und Jungs frustriert, und leider oft auch deprimiert, vor die Wand läuft.

Woher ich das wissen will? Ich halte Mathe im ersten Studienjahr. Mein Team und ich – wir *sind* die Wand. Unsere Uni-Psychologen gehören inzwischen fest zum Team der Mathe-Studieneingangsphase, mit denen ich regelmäßige Meetings habe.

Während 1950 noch 5% jedes Jahrganges ein Studium begannen, waren es 1990 schon 30% und inzwischen 57% (Statistisches Bundesamt, Bundeszentrale für politische Bildung). Damals studierten die Top 5%, also ungefähr die mit einem IQ von 125 und mehr, heute erwartet die Politik vom Uniabschluss scheinbar nicht viel mehr als unfallfrei ~~die Schuhe binden~~ einen Taschenrechner bedienen zu können.

Ich weiß nicht, für wen diese Entwicklung gut sein soll. Für die OECD und den Bildungswettstreit mit anderen Ländern?

Quantität schlägt Qualität?

Oder für den Verband der Psychotherapeuten?

Beim Berlin-Marathon laufen doch auch keine 57% der Bevölkerung mit. Man stelle sich mal das Gedränge am Start vor. Alle Straßen der Hauptstadt komplett verstopft, halb Brandenburg überlaufen – nichts geht mehr. Die Top-Läufer kriechen und stolpern sich voran und nur ein Bruchteil der Starter erreicht das Ziel. Viele brechen mit Krämpfen und Herzrhythmusstörungen ab oder werden vom Besenwagen eingesammelt.

Wem nützt der Quatsch? Wer hat all diesen Leuten erzählt, sie könnten einen Marathon laufen? Sie haben bestimmt viele andere tolle Talente, die sie womöglich nie entdecken, weil sie schon ihr halbes Leben diese Marathon-Schnapsidee haben. Und jetzt auch noch Herzprobleme.

Es stimmt, die Unis bekommen seit Jahren Schmerzensgeld für diese Erhöhung der Studierendenzahlen, die eine Menge Ressourcen kosten.

> Ich weiß gar nicht, ob die Uni-Psychologen auch aus dem Topf bezahlt und aufgestockt werden.

Ohne diese Extra-Mittel würde der Haushalt der Hochschulen mittlerweile zusammen brechen. Viele Mitarbeiterstellen sind so finanziert. Alle Seiten binden sich auf Jahre hinaus an den Deal.

> Ich finde es gut – und wichtig, dass wir *ohne* Studiengebühren auskommen. Ich habe das jahrelang in England erlebt, wo die Kommerziali-sierung des Studiums perverse Blüten treibt. Dozenten wurden zu Dienstleistern, bei niedrigen Studentenzahlen wurden ganze Departments geschlossen, Studis wurden irgendwie durchgeschleust, damit sie weiter bezahlen, es gab wochenlang einen Tag der offenen Tür nach dem anderen…

Fakt ist aber: Viele unserer Unis *können* beim Wettstreit um Absolventenquoten und Notendurchschnitte einfach nicht im selben Maße wie die Schulen die Latte immer weiter senken. Das wäre unverantwortlich. Bei uns studiert man eben nicht Schnullifaxophie oder Wischiwaschistik,

> ...wo Stümperei am Ende gar keinem auffällt...

> und man nur noch Taxifahrer oder Bildungspolitiker werden kann

> Nichts gegen Taxifahrer!

unsere Absolventen sind *Ingenieure* (ich mag und schätze sie wirklich!) und sollen Brücken, Flugzeuge und Schiffe bauen, die wir alle *benutzen* können.

> Über die Brücken, die sonst zustande kämen, würde ich nur die Verfechter der 57%-Ideologie fahren lassen. Mit schönem Gruß von *der Wand*.

Pardon aber bei dem Thema gehe ich ab wie ein Zäpfchen. ...und wende mich mit meiner **wichtigen Nachricht** am besten direkt an die Schüler und Eltern:

> Das Studium ist nicht der einzige und auch nicht für jeden der beste Weg. Es gibt tolle Ausbildungsberufe – handwerklich, kaufmännisch (m/w/d), Einzelhandel, ... oder auch im Gesundheitssystem.

Wer sich beim Thema Studium aber sicher ist, der soll es natürlich machen! Wir brauchen gute Marathonläufer.

> Und falls Ihr noch nicht wisst, wo: An meiner Uni gibt es die *mega korrektesten* Profs. ;-)

Wo ich gerade in Fahrt bin... Bundesweite Bildungspolitik hin oder her aber Hamburg ist beim Entertainment-Faktor immer mal wieder in einer eigenen Liga: Vor ein paar Jahren wurde ein miserabel ausgefallenes, Hamburg-weit geschriebenes, Mathe-Probe-Abi pauschal, im ganzen Bundesland, um eine Note hochkorrigiert und anschließend – immerhin – eine Expertenkommission eingesetzt, die ein Jahr lang die Wurzel des Übels im Lehrplan finden und reparieren sollte.

> Guter Ansatz!

Problem: Die (Zitat) *"Mathematik-Expertenkommission"* setzte man aus sieben Didaktikern und null Mathematikern zusammen. Kein Witz!

> Nein, auch kein Märchen. "Das Debakel und die sieben Didaktiker." Das hätte bestimmt Potential...

Wer war schon mal bei einer Grillparty mit sieben Sorten Salat aber ohne Würstchen, auch kein Steak? Kann man machen – aber dann sollte man es nicht "Grillparty" nennen.

Steak und Würstchen waren, auch auf Nachfrage, bei der Party ausdrücklich nicht erwünscht.

Didaktiker sind bei Lehrplänen ganz wichtig, keine Frage – das ist deren Kernkompetenz! Aber wann waren die zuletzt (mit ihren Gurkenhobeln) in einem riesigen, vollen Hörsaal, wo Mathe *tatsächlich* gelehrt wird und das ganze Elend mal zutage tritt; wo die Hälfte der Studis bei simpler Bruchrechnung aussteigt oder instinktiv den Taschenrechner rausholt? Was läuft da seit der 5. Klasse schief?

> Und jetzt gibt es nach den Taschenrechnern auch noch Tablets an den Schulen. Man hätte natürlich auch mehr Lehrern mehr Zeit kaufen können.

> Aber Gadgets sind doch toll. Digitalisierung!

> Digitalisierung – was ist das eigentlich genau?

> Irgendwas mit Tablets!

> Spoiler: Digitalisierung heißt z. B., die Zeit zwischen Corona-Welle 1 und 2 für ein Online-Lehrkonzept zu nutzen, konsistente Softwarepakete zu schnüren, Server aufzustocken, Lehrer zu schulen, mit Leuten zu reden, die seit Jahren E-Learning machen, …

Aber wo ja sowieso die Mehrheit der Schüler später an den Unis landet, können die doch auch die Kinder mit 18-19 wieder aus dem Brunnen holen.

> Naja, nicht alle. Vielleicht die Hälfte von 57%.
> Und der Bäcker sucht weiter einen Azubi, der den Preis für ein halbes Brot berechnen kann.

> Bestimmt gibt es dafür auch bald ein Studium.

Die Didaktik-Professoren (m/w/d) in der Expertenkommission haben scheinbar auch nicht sonderlich viel mit betroffenen Lehrern gesprochen. Die Hamburger Lehrerkammer musste statt dessen im Anschluss an den fertigen Experten-Abschlussbericht nachsteuern: in einem langen Brief mit einigen höflichen Worten zu Beginn und vielen Punkten des fertigen Expertenberichtes, die, Zitat: "keinesfalls umgesetzt werden sollten".

Konstruktiver Diskurs ist ein wichtiger Teil jeder Demokratie. ...manchmal auch noch sehr unterhaltsam.

Ich engagiere mich seit Jahren für interessierte Schüler – mit Vorträgen, in mehrtägigen Workshops und am Messestand bei Schülermessen. Und ich bin seit 35 Jahren – in wechselnden Rollen – mit der Matheolympiade verbunden. Dort ist seit Jahrzehnten das Niveau gleichbleibend hoch. Keiner senkt die Latte, keiner hebt Punktzahlen künstlich an, die Aufgaben werden von einer *Kommission* von *eingefleischten Experten* erstellt, und: Wenn ein Kind dort Spaß hat und am Ball bleibt, verkraftet es Gurkenhobel aller Art.

Mein Zimmernachbar Peter

Auf der Liste der Menschen, Tiere und Dinge, mit denen ich großes Glück hatte, müsste eigentlich auch ein älterer Herr, Ende 70, stehen, mit dem ich die ersten 4 Tage in der Klinik das Zimmer teilte.

> Vor allem für die erste Nacht kann ich mich nur bei ihm entschuldigen. Er schlief sicher gerade tief als ich gegen 4 Uhr zitternd, zuckend und mich ständig übergebend, die friedliche Stille durchbrach.
>
> > Tage später bekam ich selbst nachts einen unerwarteten und lautstarken Zimmer-nachbarn, der zwei Stunden später leider nicht mehr lebte.
> >
> > Es war eine Zeit voller Grenzerfahrungen.
>
> Zurück zu Peter...

Es dauerte einen Tag bis ich überhaupt realisierte, dass da noch jemand im Zimmer war.

Erst am 3. Tag sprachen wir länger miteinander.

> Vorher wäre das von meiner Seite auch noch gar nicht gegangen.

Aber schon vorher schöpfte ich viel Kraft und Zuversicht aus der Tatsache, dass es diesem netten älteren Herrn laut Erzählung der Therapeuten schon viel besser ging als am Vortag. Die Sprache, die Handmotorik, alles entwickelte sich in die gute Richtung. Perfektion spielt keine Rolle, wenn es gerade um Sein oder Nichtsein geht.

Er hatte etwa 2 Tage "Vorsprung" vor mir,

> ...mal abgesehen von den über 30 Lebensjahren...

und seine Besserung machte mir Mut. Wenn er das schaffte, dann kann ich das auch.

Als wir dann sprachen, was für uns beide sicher eine gute Therapie war, blieb mir eine Geschichte im Gedächtnis hängen, die ich unbedingt hier teilen möchte.

> Bestimmt ist es eine der wichtigsten Botschaften, die ich hier verbreiten kann und seitdem auch an alle Lieben verbreite, die, gefühlt, ein paar der obigen Risiko-Kästchen für sich ankreuzen müssen.

Peter, so hieß Herr soundso in Wirklichkeit,

> Wir Siezten uns. In dieser Ausnahmesituation! Wie grenzenlos kultiviert.

erzählte, wie er am Mittwoch Vormittag zu Hause seinen Schlaganfall erlebte:

Er saß auf der Couch, aß Schnittchen, schaute etwas fern

> Er schien mir eher der Kandidat fürs ZDF oder den NDR als für RTL2 zu sein.

und merkte, wie sein Arm nicht mehr das machte, was Peter wollte. Als sich auch die entsprechende Gesichtshälfte komisch anfühlte, wusste er selbst relativ schnell, was gerade passierte. Gleichzeitig merkte er, dass ihn auch die Sprache verließ, was die Lage gleich sehr viel dramatischer machte, denn seine Frau war beim Einkaufen. Die Rückkehr war in etwa einer Stunde zu erwarten und ein Anruf oder Notruf war ihm ohne Stimme nicht möglich.

Peters Schilderung war nicht sonderlich emotional

> Er war Norddeutscher. Immerhin, er sprach.
>
> > wieder

aber es war klar, dass ihm in diesen Minuten auf der Couch vielmehr als nur mulmig wurde. Das Warten muss unerträglich gewesen sein. Dass seine Frau an diesem Tag unplanmäßig eine halbe Stunde früher nach Hause kam, rettete ihm womöglich das Leben.

Peter hat seitdem eine Notrufvorrichtung zu Hause, eine Notruf-App auf dem Smartphone, die auch ohne seine Worte die 112 wählt und den Standort und seine Eckdaten durchgibt und hat eine weitere App bei sich und seiner Frau installiert, die auch wortlos einen Notfall kommuniziert.

Noch schlauer als Peter ist nur, wer schon vorher solche Maßnahmen ergreift. Seid schlau.

Ich drücke Peter beide Daumen,

> Der rechte geht ja auch wieder.

dass er die Knöpfe nie braucht. Aber zumindest wird er nicht wieder in eine so missliche Lage kommen wie an jenem Mittwoch Vormittag im September.

Noch ein kleiner Seitenschwenk:
Andere Schlaganfallpatienten berichten wiederum, sich noch an das komische Gefühl im Arm zu erinnern und dann an nichts mehr, bis sie 1-2 Tage später in der Klinik wieder aufwachten.

> in mehr oder weniger vollständigem Zustand

Man kann es sich natürlich nicht aussuchen, ob man alles ziemlich wach miterlebt oder nicht. Ein paar potentiell traumatische Erlebnisse bleiben den Schläfern auf jeden Fall erspart.

Um "meiner" Version etwas Positives abzugewinnen, so hatte ich zumindest die Chance, an einigen kritischen Stellen bewusst um Arm und Bein zu kämpfen und mit zu erleben, wie mein Körper von ganz weit unten, nach und nach, in einen viel besseren Zustand zurückkehren kann.

Die Angst im Nacken

Ohne Ursache aus der Klinik nach Hause zu gehen, ist sicher blöd.

> Nicht falsch verstehen: überhaupt am Stück nach Hause zu kommen, und dann auch noch zu *gehen*, ist natürlich ein großes Geschenk!

Mit Ursache nach Hause zu gehen, ist bestimmt besser – andererseits ging ich nicht nur mit dem Wissen um die Ursache nach Hause, ich hatte sie buchstäblich im Gepäck. Die Arterie mit der verletzten Innenschicht und der dicken, matschigen Wand hatte sich sicher nicht mit der Lyse und dem Auflösen der

> hoffentlich aller

geronnenen Bewohner repariert sondern war garantiert noch demoliert.

Eine Aspirin täglich soll die Thrombozyten in nächster Zeit davon abhalten, sich wieder zusammen zu rotten und die nächste Bombe zu basteln. Wenn man anfängt, darüber nachzudenken, ploppen einige Fragen auf:

1. Reicht eine Aspirin am Tag?
2. Warum keine Blutverdünner?
3. Geht das 10 Wochen lang gut? (bis zur nächsten Untersuchung)
4. Wie soll sich eigentlich die Arterie von selbst reparieren?

Zu 1. und 2. gibt es aktuelle Studien: ASS (Wirkstoff im Aspirin) und Marcumar (gängigster Blutverdünner) wirken in der Situation ähnlich gut, ASS hat aber weniger Nebenwirkungen und kann leichter wieder abgesetzt werden.

Eine andere Studie vergleicht Patienten mit 1 bzw. 3 Aspirin pro Tag. Der gewünschte Effekt war derselbe – die Gruppe mit 3 Aspirin bekam aber Magenprobleme.

Frage 4 stelle ich, gefühlt, erstmal zurück bis zu meiner Untersuchung in Woche 10. Wichtiger ist, dass sich kein Thrombus wieder bildet. In einigen Fällen heilt sowas wohl innerhalb von 6-12 Monaten. Manchmal muss aber auch ein Stent gesetzt werden.

Frage 3 ist die ultimative Geduldsprobe. Rational: Der Arzt wird schon wissen, was er tut. Bis jetzt hat er sehr gute Entscheidungen getroffen. Aber real: Die Medikation fühlt sich erfreulich minimalistisch an und 10 Wochen sind ein langer Blindflug.

> Studien zur sicheren "Blindflugdauer" wird es keine geben. Man wird wohl nicht 100 Patienten wie mich beobachten bis sie das zweite Mal umfallen und dann genüsslich die Zeiten protokollieren.
>
> Andererseits liefen die Studien zu 1. und 2. über drei Monate...

Der Arzt hatte mir anfangs erklärt, dass sich das Blut in Dissekaten ein zweites "Flussbett" buddeln kann – einen kleinen Tunnel in der Gefäßwand, der vorwärts treibt und auch mal bis an den äußeren Rand reichen kann.

Die Wand kann auch so dick werden, dass der Durchfluss eng wird – auch ohne Thrombus. Es gibt ein paar schlechte Optionen. Aber man darf nicht immer gleich vom worst case ausgehen.

Bei alledem soll man möglichst ruhig bleiben, denn Aufregung und hoher Blutdruck sind richtig kontraproduktiv. Es ist und bleibt ein 10-wöchiger Tanz auf dem Drahtseil zwischen Spannung, Angst und Selbstbeherrschung.

> Wahrscheinlich würde ich das schlechter hinbekommen, wenn ich nicht gerade hier säße und an diesem Buch schriebe. Da sind wir wieder beim Thema, zeitliches Vakuum mit Sinn zu füllen.

Ich habe z. B. bis jetzt nicht gegoogelt, was das Kleinhirn außer Gleichgewicht sonst noch so macht (um mich nicht durch folgliche Überbeobachtung verrückt zu machen). Irgendwann in Woche 7 habe ich dann aber doch mal gegoogelt, wo eigentlich das V3-Segment der Arteria vertebralis sitzt, damit ich nicht mehr bei jedem Zwicken im Schulter-Halsbereich Panik kriege. Das war gut, denn jetzt weiß ich es: Die Angst sitzt im Nacken – sprichwörtlich und auch örtlich; auf Höhe der oberen beiden Halswirbel.

> Wieso läuft die Arterie dort auch so komisch durch die Löcher und Schlingen in den Halswirbeln? Irgendeinen Vorteil muss das bei der Evolution wohl gehabt haben. Kein Elektriker würde ein wichtiges Kabel da durchfädeln. Ein Wunder, dass die Mosher bei Metal Festivals nicht reihenweise umkippen.

Während des Drahtseilakts zeigt der Körper ein paar neue Features. Bis Woche 5 zeigt sich, dass Schlafmangel zu Schwindel führt. Fernsehen auch. Handyspiele auch. Verspannte Schultermuskulatur auch.

> Lesen geht. Super! Ich weiß gar nicht, wann ich das letzte mal so unbekümmert Zeit für ein Buch hatte. Freie Minuten füllten sich meist von selbst: In der S-Bahn kann man die ersten Mails beantworten. Auf dem Fußweg von der S-Bahn zur Uni kann man telefonieren.
>
>> Auf dem Fußweg hätte man auch schlecht lesen können.

In Woche 7 schmerzt bei Verspannung ein Punkt in der linken Schulter,

> der natürlich *nicht* im V3-Segment der Arteria vertebralis liegt,

in Woche 8 und 9 tut der Punkt nicht mehr weh, dafür schläft der linke Arm öfter ein. Irgendwas ist ja immer. Zumindest tut sich was.

Dabei versuche ich, mir vor Augen zu halten, dass diese Untersuchung am Ende von Woche 10 nicht die Ziellinie ist, über die man sich mit letzter Kraft wirft, sondern eher eine Zwischenstation auf einem Langstreckenlauf unbekannter Länge – bestenfalls das Ziel der recht langen ersten Etappe. Auch dieser Gedanke hilft dabei, den Ball ein bisschen flacher zu halten und Energie zu sparen – für später.

Update am Ende von Woche 10: Etappenziel erreicht.
Im MRT sieht die Arterie zum Glück schon wieder viel besser
aus. Der Durchfluss ist stärker, die Wand muss also wieder
dünner sein. Vorerst keine OP. Nächster Check in 2 Monaten.

Der Doc freut sich

> Und ich erst!

und ist sich beim Vergleich der Bilder jetzt endgültig sicher,
dass das die Ursache war.

> Vorher also scheinbar doch nur "mit hoher
> Wahrscheinlichkeit". Wusste ich es doch!
> Jetzt verstehe ich schon Mediziner...

Auch Motorik und Gleichgewicht machen nach täglichem
Üben und häufiger Krankengymnastik gute Fortschritte.

> Ein großes Dankeschön an meinen grandiosen
> Physiotherapeuten!
>
> > ...und an meine Freunde, die mir die Termine
> > bei ihm besorgt haben.

Inzwischen überholt mich keiner mehr auf dem Gehweg. Und,
ich gestehe, – ich trau mich kaum, es zu erzählen – auf dem
Weg zum Wieder-Rennen-Können habe ich mit **Nordic
Walking** angefangen.

Das, worüber ich mich *immer* lustig gemacht habe!

> Die Vorstufe zu Rollator und CDU-Wählerverein.

Klack, klack, klack – jetzt geh' ich offiziell am Stock.

Um ehrlich zu sein, ist das noch nicht alles. Statt Bier trinke ich neuerdings **alkoholfreies Radler**! Ich weiß nicht, wie viel mehr man Bier noch misshandeln kann: minus Alkohol und plus Limo. Schirmchen gefällig?

Alles nur übergangsweise!

Rational wissen wir alle, dass unser Leben ständig auf Messers Schneide steht. Wenn es dann aber mal konkret wird, wird der Unterschied zwischen "rational" und "real" greifbar. Aber wie schon mal gesagt, ab jetzt jeden Tag im Bett zu bleiben, ist auch keine Option. Dort drohen Bewegungsmangel, Thrombosen und fehlender Sinn.

> Wo wir gerade bei RTL2 sind: Über "Frauentausch" wundere ich mich ja schon lange nicht mehr. Aber kürzlich habe ich "Bridezillas" gesehen…

>> Ich glaube, das war noch nicht mal auf RTL2 – sondern auf einem im Geiste eng verbrüderten Sender.

>>> Es gibt scheinbar Dutzende davon – die Leute kicken sich das Hirn nur so weg.

Da geht es um Frauen, deren einziger Lebensinhalt es zu sein scheint, einen Tag lang als Braut im *alleinigen* Mittelpunkt zu stehen und im Vorfeld allen, die es erstaunlicherweise mit ihnen aushalten, *massiv* auf den Nerv zu gehen.

Ich habe seit dem WM-Finale 2014 nicht mehr so oft und laut in Richtung Fernseher gerufen "Lauf, Junge, lauf!"

Stress

Familie und Freunde waren, angesichts der Nachricht, natürlich sehr sehr erschüttert.

> Es tut mir wirklich leid, alle so erschreckt zu haben. Ich habe das nicht mit Absicht gemacht. Sowas macht niemand mit Absicht durch.

> Und wie meine Frau den ersten Tag erlebt hat, will ich mir gar nicht vorstellen.

Im nächsten Satz setzt dann bei vielen eine Form von Rationalisierung ein, zusammen mit den Worten "zu viel Stress" – und das war, zugegebenermaßen, auch meine erste Assoziation, sobald ich mir wieder den Luxus erlauben konnte, die Gedanken etwas schweifen zu lassen.

Das Wort "Stress" bekommt keines der oben genannten Risiko-Kästchen, weil es keine **unmittelbare** Ursache für Schlaganfälle ist.

> Alter übrigens sicherlich auch nicht...

Vielmehr führt die typische Kausalkette von "Stress" zu "Bluthochdruck"

> dafür gibt es ein Kästchen

und von da zum Schlaganfall. Ich habe Neuropsychologen gefragt, ob es auch andere typische Wege von "Stress" nach "Schlaganfall" gibt, und die Antwort fiel natürlich nicht-definitiv aus: Der absolut typische Weg ist der über Bluthochdruck, andere sind nicht prinzipiell auszuschließen.

> Sicher kann man, theoretisch, bei Stress so viel Schokolade/Schweinshaxe essen, dass man *langfristig* bei Diabetes/Arteriosklerose landet und von da aus zum Schlaganfall kommt – aber das ist sicher mehr konstruiert als typisch.

Bei mir spielte Bluthochdruck keine Rolle und deshalb Stress wohl auch nicht. Dabei gibt es in meinem Job schon einigen davon, unter anderem durch die Personalverantwortung.

> zuletzt für über 40 Leute

Mit zwei jüngeren Kindern ist auch immer viel los. Oft fühlt sich Montag mehr nach Erholung vom Wochenende an als umgekehrt.

> Die Kollegen, die am Wochenende überlegen, ob sie sich auf Netflix diese oder jene Staffel komplett einverleiben, können sich das gar nicht vorstellen
>
> > und sollten mich einfach montags in Ruhe lassen.

Im Frühjahr 2020 hatte ich drei Monate lang Kinder und Arbeit gleichzeitig.

> Meine Frau bekam betriebsbedingt keine Freigabe zur Arbeit im Home-Office. Ich hatte Mitte März unser ganzes Institut ins Home-Office geschickt, wo ich nun selbst auch war. Mit Kindern.
>
> > Home-Schooling, Spielen, Schimpfen, "Kochen"

...und hatte zudem, coronabedingt, zu der Zeit das dreifache Arbeitspensum wie sonst.

> > dreifach: gemessen am Emailaufkommen und an der Zeit, die es mich kostete, Lehrveranstaltungen online statt in Präsenz durchzuführen

Gearbeitet wurde dann oft bis in die Nacht – und geschlafen: im nächsten Leben. Ich war aber bei weitem nicht der einzige, dem es so ging. Weder mit den Kindern, noch mit dem Mehr an Arbeit, sicher auch nicht mit der Kombination.

> Ich will hingegen gar nicht fragen, wie vielen Kindern es in der Zeit zu Hause schlecht ging.
>
> Wir machen gleich nochmal einen extra Abschnitt zu Corona.
>
> > Ich klinge schon fast wieder wie in der Vorlesung.

Im Sommer entspannte sich die Lage. Dafür kamen Hygienekonzepte, Gefährdungsbeurteilungen, vorsichtige Rückkehr zum Arbeitsplatz und Raumnutzungspläne.

Und auch im Herbst war nicht alles leicht. Prüfungen mit 600 Teilnehmern unter den geltenden Hygienebedingungen durchzuführen, kostete den letzten Nerv. Als dann 7 Tage später immer noch keine/r der Kollegen, die mich dafür vor Ort begleitet hatten, hustete, fiel mir ein riesiger Stein vom Herzen – und in derselben Nacht ging ein Thrombus schwimmen.

Es gibt komische Koinzidenzen, mit oder ohne kausalen Zusammenhang.

> Letztlich war der Thrombus seit Wochen gewachsen und musste wohl irgendwann abgehen. Im Nachhinein, laien- bis klempnerhaft betrachtet, hatte er wahrscheinlich eine glückliche Größe: nicht so groß um gleich alles zu verstopfen und nicht so klein um sofort bis zum Mittelhirn zu kommen. Glück im Unglück at its best.

Vielleicht sollte ich mir manches weniger zu Herzen nehmen. Aber z. B. Personalverantwortung ohne Verantwortungs-gefühl stelle ich mir schwierig vor.

Man muss außerdem dazu sagen, dass Arbeitsumfang und Stress nicht dasselbe sind. Stress ist, was mein Kopf/Körper daraus macht. Und zwischen Arbeit und Körper gehören im Idealfall ein paar Filter und Abdämpfmechanismen.

Mehr Mut zur Imperfektion habe ich jetzt definitiv, die große Vorlesung rotiert (planmäßig) an einen Kollegen, die Institutsleitung rotiert sowas von weiter und ein paar mehr Mails werde ich als none-of-my-business einstufen.

> Vorher hat auch keiner Beifall geklatscht, wenn ich mir jeden Schuh anziehe.

Und vielleicht sollte ich künftig zur Bloodhound Gang nicht nur singen sondern auch Kickboxen.

Ich denke jedenfalls viel über meinen Job nach, und vor allem über die Art, wie ich ihn mache, und lagere das an dieser Stelle mal in einen späteren Abschnitt aus.

Ungesund ist Stress auf jeden Fall. Erst in den Wochen nach dem Schlaganfall sah ich, was etwas Ruhe so "anrichten" kann. Seit Woche 3 ist mein Rücken nicht mehr verspannt und ich bin insgesamt ausgeglichener, seit Woche 5 ist mein T-Shirt nachts nicht mehr klatschnass, neuerdings sind meine Eisenwerte

> mit "s", nicht "g"

und mein Homocysteinspiegel so gut wie lange nicht.

> Homocystein: manchmal "fiese Schwester vom Cholesterin" genannt – ein scheinbar etwas umstrittener Risikofaktor für Arteriosklerose. (In der Klinik hatte der Wert keine Relevanz. Deren Labor hat ihn gar nicht im Programm.) Ich freue mich trotzdem über die Besserung.

Und ist etwa sogar die kahle Stelle am Hinterkopf kleiner geworden?

> Schlaganfälle können natürlich auch Sehstörungen hervorrufen…   ;-)

Das alles hat sicher nicht so viel mit der einen Aspirin am Tag zu tun wie mit dem Ausstieg aus dem Hamsterrad. Ich muss lernen, meinen geliebten Job weiter zu machen, ohne dass der Nervkram wieder überhand nimmt.

Nochmal: Stress ist ungesund!

> Ins Blaue gesponnen: Vielleicht lieferten sich Herzinfarkt und Burn-Out bereits ein Rennen und der Schlaganfall drängelte sich nur vor – durch unerlaubten Kopfstoß.
>
> > Kopfstoß! Verstehste? :-D
> >
> > > Lachen hilft.

Corona

Diese Pandemie verlangt uns allen sehr viel ab. Je nach Alter werden wir um die Zeit mit unseren Kita- und Schulfreunden, um Partys, Einkaufsbummel, Restaurantbesuche und Urlaubsreisen gebracht. Mancher verpasst die erste Freundin, andere die letzte Kreuzfahrt. Und angesichts der nervigen Einschnitte scheint die Wahl manchmal: Lieber Corona riskieren oder einen an der Waffel kriegen?

Und hier sollte ganz klar der Gemeinschaftssinn gegen den Egoisten in uns siegen – egal, wie lange es noch dauert. Ich wollte aber eigentlich etwas ganz anderes erzählen:

Keine Angst, hier kommt keine virologische Abhandlung

> dazu bin ich der Falsche

auch keine, die den Einfluss von 7-tägiger Inzidenz und R-Wert auf die Dynamik der Infektionszahlen erläutert,

> das könnte ich wiederum, will ich aber hier nicht,

ich will hier schildern, wie sich die Situation für mich entwickelte und will vor allem, weil es vielleicht nicht so oft gemacht wird,

> und weil ich gerade lerne, das Gute in jedem Sch… zu finden,

aus meiner Sicht zusammenfassen, welche positiven Lehren und Schritte wir im Arbeitsleben während der Pandemie – notgedrungen – gemacht haben und nicht leichtfertig wieder herschenken sollten, wenn die Sache irgendwann im wesentlichen ausgestanden sein sollte.

Wie sich das Unheil aufbäumte

Ende 2019 gab es die ersten Fälle in Asien, Anfang Februar wurde Deutschland erreicht. In den nächsten Wochen entscheidet sich Tirol für den Profit und wird zum Superspreader für ganz Europa.

Anfang März riegelt sich Norditalien ab, am 11. März ruft die WHO den Pandemie-Zustand aus, am 12. März schließen Nachbarländer ihre Schulen und die USA lässt keine Europäer mehr ins Land. Deutschland schaut auf seine Regierung.

> Nur noch eine Woche, dann fangen Kanzler-kandidaten an, sich über Coronapolitik um die Wette zu profilieren.

In der Nacht vom 12. zum 13.3. kann ich nicht schlafen und schreibe eine Email ans Institut: Alle sollen sich darauf vorbereiten, dass sie heute für längere Zeit letztmalig das Institut betreten. Wer keinen Rechner zu Hause hat, soll sich einen aus dem Schrank nehmen. Jeder soll seine Daten auf einem Server sichern, den er auch von zu Hause erreicht und sich schon mal Videotelefonie jenseits von Skype und DFN anschauen, die bald überlastet sein werden. Zettel und Stifte hat jeder zu Hause. Mathe kann weiter gehen.

Um 13 Uhr schloss man die Schulen für die nächsten Wochen, nachmittags verabschiedeten wir uns mit mulmigem Gefühl – schon vermutend, dass es für lange Zeit ist, und um 17:46 Uhr wurden die geltenden Home-Office-Regelungen durch die Uni außer Kraft gesetzt. Ich schrieb am nächsten Tag eine weitere Mail ans Institut und verlegte uns alle ins Home-Office. Eine neue Zeitrechnung begann. Wir waren bereit.

Woche 1 fühlte sich für die Kinder noch wie Ferien an. Es gab noch keine Arbeitsaufträge der Lehrer und etliche Materialien lagen noch in der Schule. Bei mir fielen Sitzungen aus und zwei Abschlussprüfungen, von denen ein Anschlussjob zum 1.4. abhing, mussten (erstmals) per Videokonferenz abgenommen werden. Die Sache ließ sich gut an.

Das beste war eine Besprechung mit Firma X: Anstatt zweimal 30 Minuten Weg und 90 Minuten voller Förmlichkeiten beim Getränk besprachen wir alles kurz und bündig in 20 Minuten über Skype und hatten alles geklärt.

Läuft!

Für Woche 5 wurde der Beginn des digitalen Semesters beschlossen, und Wochen 2-4 standen dementsprechend ganz im Zeichen der Vorbereitung und Umgestaltung. Unsere Uni konnte 70% aller Lehrveranstaltungen ad hoc umstellen; unser Institut 100%.

Ab jetzt brannte die Luft. Mikros und USB-Schreibpads wurden schnellstens bestellt. Jeder Dozent überlegte sich, welche Veranstaltung er/sie wie umstellen würde. Kleinere Online-Gruppen bedeuteten mehr Personenstunden. Schnell noch ein paar Tutoren finden

> der Wettbewerb um sie läuft auf Hochtouren

und einstellen...

Ich hatte eine Veranstaltung mit über 600 Teilnehmern, wo ich zum Glück komplette Aufzeichnungsvideos aus dem Hörsaal vom letzten Jahr hatte. Dazu gab es mein Skript und einen wöchentlichen Termin per Zoom, damit man live diskutieren kann und der Kontakt nicht abreißt. Zusätzlich gab es alle zwei Wochen eine Hörsaalübung und über 20 Kleingruppenübungen - alle per Zoom.

Übungsblätter wurden als PDF online gestellt, in einem kurzen Video anmoderiert und eine Woche später in einem längeren Video mit Lösung vorgestellt. Es gab außerdem wöchentliche elektronische Hausaufgaben, die jeder Studi an selbst gewähltem Ort und Zeit im Browser bearbeiten konnte. Die Aufgaben waren für alle gleich, die Zahlen darin waren aber für jeden neu randomisiert. Bepunktet wird natürlich direkt durchs System.

Kurz: Es lief wie am Schnürchen und die Studis bestätigten uns am Ende des Semesters "ganz großes Kino", verbunden mit dem Auftrag, den anderen Dozenten zu zeigen, wie das geht.

Na gut, wir waren sehr gut vorbereitet gewesen,

> Onlineaufgaben und Videoaufzeichnungen machen
> wir seit 2015; seit 2016 machen wir sogar einige
> Prüfungen online (beaufsichtigt, in großen Räumen
> mit vielen Laptops)

weit offen für Neues und gewillt, es allen zu zeigen – vor
allem den Onlinelegasthenikern, die ab Woche 2 ihre Kraft
dafür ver(sch)wendeten, zu unterstreichen, warum dies alles
nicht zu schaffen sei und sowieso schlecht werden wird.

> Negative Vibes konnte ich zu der Zeit ganz schlecht
> ab. Unkollegiale Versuche, die Ausnahmesituation
> rotzfrech ausnutzen, ernteten meine ungewohnt
> ungeduldige Breitseite.

Das gemeinsame (Studis und Dozenten) Fazit des Semesters
war trotzdem, dass wir uns wieder in der Uni sehen wollen,
sobald es möglich ist.

Der persönliche Kontakt, Studi zu Studi, Studi zu Prof, ist
durch kein noch so ausgeklügeltes Online-Format zu
ersetzen. Der Augenkontakt ist für beide Seiten wichtig – für
die einen als Wachmacher und Durchhalteparole, für den
anderen als Kontrolle, ob und wann der Groschen fällt.

Das Prof-Video zu Hause verkommt natürlich allzu schnell
zum Hintergrundrauschen beim Essen, Trinken, Telefonieren,
Handyspielen, ... — und beide Seiten wissen das und, dass
das nicht gut ist. Auch das Vorleben der richtigen Einstellung
und Werte funktioniert live erst richtig.

Die jungen Leute müssen für den Onlineunterricht schlagartig erwachsen werden: Noch kurz zuvor, in der Schule, hatten sie einen Stundenplan, Anwesenheitspflicht und den Lehrer von Angesicht zu Angesicht. Dann, an der Uni, fiel zuerst die Anwesenheitspflicht weg und mit Corona auch der Großteil vom Rest. Das schaffen bei weitem nicht alle.

Ich teile auch nicht die Befürchtung, dass die Unis die Umstellung von Präsenz auf online klammheimlich beibehalten werden – egal, wie gut wir online sind.

> Ich hatte ein Jahr zuvor mal ein Studi-Feedback der Art (sinngemäß):
>
> > Ich habe an dem Tag nur diese 90 Minuten in der Uni, weiß, dass es auch aufgezeichnet und online gestellt wird und fahre trotzdem die 60 Minuten pro Richtung um mir das live anzuschauen.
>
> Wir wissen seit 2015, dass die große Mehrheit trotz Videoaufzeichung die live-Option wählt (vielleicht nicht immer unter so großen Umständen).
>
> Live gewinnt auch spielend gegen online.

Ich hatte in dem Semester noch eine zweite Veranstaltung – nur 20-25 Studis aber keine Videos, kein Skript, keine Onlineaufgaben. Dort ging ich am Stock!

Ich mache die Vorlesung normalerweise an der Tafel, relativ spontan, immer wieder neu, einem roten Faden folgend, der auf wenige Blatt Papier passt.

Das, was ich normalerweise in 120 Minuten an der Tafel machte, dauerte zu Hause am Tablet mit Bildschirmaufzeichnung locker 3 mal so lang. Die Videos sind super geworden

> bei weniger kriege ich körperliche Schmerzen

aber die Zeit zu finden, war schwierig. Tagsüber die Kinder, und wenn sie beschäftigt und ruhig waren, mähte der Nachbar Rasen. Ab 22 Uhr war endlich Ruhe im Haus und drum herum.

> Ich habe als Student schon am liebsten nachts gearbeitet, wenn diese Sicherheit erwacht, dass jetzt endlich keiner mehr was von einem will und man sich zu Gedanken vorarbeiten konnte, die allein auf dem Hinweg eine Stunde brauchten.
>
> Aber damals sah der nächste Morgen noch anders aus als jetzt mit Job und Familie.

Eine ständige Motivation zog ich aus der Tatsache, dass die Videos mir nicht nur dieses Jahr sondern auch später als Backup oder Begleitung zum (hoffentlich wieder normalen) Unterricht bleiben werden.

Dass sich durch die diversen Online-Extrawürste und den Umstand, dass man sich nicht mal eben auf dem Flur kurz abstimmen konnte, die Emailflut auch verdreifachte, half nicht gerade.

> In normalen Jahren hatte ich (nachdem ich alles gelöscht hatte, was mich nicht interessieren musste) 5000 Mails am Jahresende. Diesmal waren es allein im April 1300. Es gab viele Tage mit 80 eingehenden und 50 ausgehenden Mails. Nennt mich Weichei aber mir ist das zu viel.

Dieses Medium wurde für mich zur Seuche in Person,

> auch da war nachts endlich Ruhe

und ich mache mir Gedanken, wie ich es künftig bändige.

Nicht nur in der großen Lehrveranstaltung sondern auch in der Institutsverwaltung waren wir gut vorbereitet: etliche Vorgänge (Urlaubsantrag und -verwaltung, Workflow von Abschlussarbeiten, Anerkennung fremder Module, etc.) hatten wir, als ob wir es geahnt hätten, in den Monaten zuvor auf online umgestellt – für bessere Abbildbarkeit und Transparenz aber auch für räumliche Unabhängigkeit.

Unser Sekretär trieb nicht nur diese Entwicklungen mit uns gemeinsam voran, er scannte auch fast jedes Stück Papier und organisierte sich seine Ablagen online. Mit einem Klick konnten ganze Cloud-Ordner so auch für die Chefs freigegeben werden, zur Info, zur Bearbeitung – natürlich von überall. Wahnsinns-Typ!

Was können wir an Positivem mitnehmen?

Wir haben vieles gelernt, zwangsläufig, in diesem Jahr 2020. Einige der Online-Provisorien sind gekommen um zu bleiben. Und das sollten sie auch. Fangen wir mal an:

Niemand sollte mehr wegen eines Seminars auf die Schnelle nach Frankfurt fliegen! Ich fand das schon immer lachhaft

> gib mir 5 Tage und ich laufe dahin

aber seit neuestem wissen wir alle, dass es auch unnötig ist.

Der Protz-Anzug kann auch per Videokonferenz zur Schau gestellt werden. Und falls der Anzug nur notwendiges Übel ist, gibt es auch Fake-Oberteile, die für eine Videokonferenz im Sitzen (mit Bermuda-Shorts unterm Tisch) völlig genügen.

> Als Mathematiker hat man klamottentechnisch ja Narrenfreiheit. Studis, Kollegen, Verwaltungs-personal – keiner wundert sich über uns.
>
>> Im Gegenteil: Wenn ich mal im Anzug in die Uni komme (z.B. zu einer Promotionsprüfung), erschrecken immer alle und denken, es ist was mit Oma.

> Ich bin kürzlich, so angezogen, wie ich auch ins Audimax gehe, an einem Schulhof vorbei-gekommen. Zwei ca. 16-jährige Jungs musterten mich, grüßten freundlich und fragten, als was ich arbeite. Sie schwankten zwischen Schreiner und Klempner.

> Ich ziehe mich nicht *extra* so an sondern zweckmäßig und bequem. Narrenfreiheit will genutzt werden.

Die Narrenfreiheit gilt nicht nur klamottentechnisch. Ein bisschen nerdig und socially awkward wird uns gegenüber bedenkenlos toleriert.

Ich finde auch das super! Ist der Ruf erst ruiniert...

Alle Chefs sollten inzwischen verstanden haben,

> wenn nicht, sollten sie vielleicht mal ihre eigenen Home-Office-Gepflogenheiten überprüfen

dass Home-Office nicht dasselbe wie Urlaub ist sondern regelrecht produktiv sein kann, wenn man einander vertraut.

> Das Konzept des Vertrauens scheint sich wie ein heimlicher roter Faden durch das Buch zu ziehen.

Irgendwann zwischen Woche 2 und 3 lernten alle, dass man auch Sitzungen ganz gut im "digitalen Raum" abhalten kann. Das war prinzipiell richtig aber auch ein großer Dämpfer für die Produktivität zu Hause. Dank überlasteter Server und online-unerfahrener Sitzungsleiter dauerte es dann auch gern mal länger. Mit abgeschalteter Kamera ("Bandbreite sparen") konnte man nebenher immerhin andere Arbeit erledigen. Wenn das allerdings alle so machten, verkäme die ganze Sitzung zur Farce. Daher lernt man als Leiter von Online-Sitzungen: *kurz, knackig und konzentriert.*

Später im Sommer gab es immer öfter Sitzungen in der Uni (viel Abstand, große Räume, offenes Fenster), bei denen nur noch die Hälfte der Teilnehmer online zugeschaltet war. Funktioniert!

Wenn wir uns trauen, derartige Online-Beteiligungen dauerhaft zu etablieren, spart das künftig so manche Reise.

> Wir haben demnächst eine Doktor-Prüfung, wo einer der Prüfer aus Neuseeland kommt. Aber online statt im Flugzeug. Nur die Tageszeit wird spannend.

Dass und wie man Lehrveranstaltungen (inklusive Seminare und Workshops) ganz ordentlich online abhalten kann, haben wir gesehen.

> Der Vollständigkeit halber: Es gibt natürlich auch sehr schlechte Online-Seminare, -Workshops und -Vorlesungen — allerdings meist von Typen, die das live genauso schlecht gemacht hätten.

Man muss dazu sagen, dass die gängigsten Videokonferenz-systeme inzwischen sehr gut auf Lehrsituationen zugeschnitten sind: Virtuelles Handheben, Beifall klatschen, höheren oder niedrigeren Tempowunsch signalisieren, die Klasse in kleine Gruppen teilen, die ganze Bande stummschalten, Umfragen durchführen und sofort auswerten, Bildschirm teilen, Chat und virtuelles Whiteboard für alle (jeder mit einer anderen Farbe), Videoaufzeichnung auf Knopfdruck, unterschiedliche Zugriffsbeschränkungen, usw...

Inzwischen läuft das auch an den Schulen ganz gut.

Ich wünsche mir trotzdem für alle, dass wir bald wieder zum Präsenzbetrieb zurück wechseln können.

Ein Vorteil der Online-Modelle gegenüber der klassischen Präsenzlehre war,

> neben "die ganze Bande stummschalten",

dass man bei Videokonferenzen, die Zustimmung aller Teilnehmer vorausgesetzt, mit einem Knopfdruck eine Aufnahme in Ton und Bild erstellen konnte, die man dann anschließend online zur Verfügung stellt.

> Selbst bei meinen 20 Studis gab es 2 oder 3, die zur wöchentlichen Konferenzzeit eine Terminkollision hatten.
>
> Und auch die anderen waren nicht böse über die Möglichkeit, schwierige Stellen später nochmal in Ruhe anschauen zu können. Auch kurz vor der Prüfung wurden die Videos öfter heruntergeladen.

Keine Angst vor solchen Angeboten. Die Studis kommen live trotzdem, wenn sie können. Die wollen sich ja auch gegenseitig sehen.

Bei Videokonferenzen habe ich gelegentlich dazu aufgefordert, dass auch die Studis, wenn sie wollen, mal kurz ihre Kamera zuschalten können. (Das war sonst nicht vorgesehen.)

Zumindest eine kleine Dosis Wiedersehensfreude war da und beugt vielleicht dem ein oder anderen Isolationskoller zu Hause vor. Der Mensch, sogar wir Nerds, ist am Ende doch ein ziemlich soziales Wesen.

Wie man diesen Aufzeichnungs-Service in die Zeit nach der Pandemie (d.h. Präsenz im Hörsaal) retten kann? Videoaufzeichnungssysteme mit Mikro und Kamera in allen großen Räumen installieren.

Hatte ich schon erwähnt, dass wir das seit 2015 so machen? :-)

Die virtuellen Umfragen sind ein anderes wertvolles Feature, das in Präsenz wieder fehlt. Im einfachsten Fall fragt man die Studis nach jeder komplizierten Erklärung, ob das jetzt

- gut,
- schlecht
- oder so einigermaßen

verständlich war und reagiert entsprechend. Oder man stellt fachliche Testfragen. Wenn man dieselben Fragen im Hörsaal stellt und statt Online-Kreuzchen um Handzeichen bei a, b oder c bittet, wird man nur durch Scham verfälschte Ergebnisse bekommen. Auch dafür gibt es seit Jahren kleine Abstimmgeräte mit 4 Knöpfen,

> genau, wie beim Publikumsjoker von "Wer wird Millionär",

die man vor der Veranstaltung verteilen und danach wieder einsammeln muss,

> oder das, was davon übrig ist,

was ich mir bis jetzt bei vielen Hundert Studis herzlich verkniffen habe. Mittlerweile gibt es etwas ähnliches aber auch per App. Dann wird das Smartphone jedes Studis zum Abstimmgerät.

Was hat uns sonst noch gefallen? Neben den diversen im Home-Office gesparten Wegzeiten

> die man übrigens nicht alle in noch mehr Arbeit sondern ruhig auch mal in sich und die Familie investieren sollte,

gab es auch andere erfrischende Nebeneffekte. Ich musste zum Beispiel meinen Studis nicht länger nur von meinen Kindern erzählen, sie liefen zeitweise durchs Bild und zeigten, dass wir alle nur Menschen sind und uns vielleicht gegenseitig nicht mehr Zeit abverlangen sollten als nötig.

> Bei so mancher Gremien-Sitzung hätte ich die Kinder mal ins Bild rufen sollen!

Einmal kam der Kleine während einer Vorlesungs-Video-konferenz mit Weihnachtsmann-Piratenkostüm ins Bild und brauchte meine Hilfe bei der Augenklappe. Ein andermal rief er laut von der Toilette "fertig!" und ich musste meine lachenden Studis kurz allein lassen. Wie gesagt, das "ganz große Kino" war eine Gemeinschaftsproduktion mit Herz.

Eine meiner neuen Lieblingstechniken, die ich erst im Frühjahrs-Lockdown richtig kennen und schätzen gelernt habe, heißt "kollaboratives Schreiben":

Wenn ich vor 15 oder 20 Jahren einen Fachartikel mit einem Kollegen zusammen schrieb, dann schickten wir uns regelmäßig per Email den neuesten Stand als Dateianhang und übergaben somit den "Ball" an den anderen.

> Wehe, wenn mal beide an der letzten Version weiter arbeiteten. Dann gab es zwei neueste Versionen, die mühsam zusammengefügt werden mussten. Und im Emailchaos konnte man versehentlich auch mal die vorletzte Version erwischen und weiter-entwickeln... Dann gab es auch zwei aktuelle Versionen und viel Nacharbeit.

Vor 15 Jahren fingen wir an, die Artikel-Datei auf Server zu legen, wo beide Zugriff hatten und wo vielleicht sogar eine Art Versionsverwaltung und Kollisionsschutz für gleichzeitige Bearbeitung eingebaut war. In den einfachsten Fällen waren das Cloud-Lösungen wie Dropbox oder die Cloud der eigenen Uni, für letztere Funktionen nutzte man SVN oder Git. Für Programmier-Teams ist das alles ein alter Hut.

Seit diesem Frühjahr nutze ich verstärkt Dienste, die die virtuelle Zusammenarbeit – gefühlt – auf die Spitze treiben und sogenanntes **kollaboratives Schreiben** ermöglichen. Die Datei wird dabei nicht nach Hause kopiert sondern auf dem Server belassen und, meist im Browser, geöffnet und bearbeitet. Der andere

> es könnten auch zehn sein

kann mit demselben Link von sich zu Hause aus zuschauen, was ich gerade schreibe und sogar gleichzeitig mit einem zweiten Cursor mit editieren.

> Spooky!

Sowas gibt es mittlerweile für einfache Textdateien aber auch für die klassischen Office-Formate, für HTML, Markdown, Programmiercode und auch für LaTeX (keine Online-Schweinerei sondern die gängige Textprozessor-Sprache für Mathematik und andere nicht ganz so weiche Wissenschaften).

Das Buch hier habe ich in Markdown geschrieben,

natürlich nicht kollaborativ

mit CSS nachgehübscht und das PDF
nachformatiert.

Pardon für den Flatterrand rechts!

Nennen wir es "subtiles stilistisches Mittel":
bekennend kauzig, schmerzfrei nerdig, noch keine
Lust auf dienstliches $\LaTeX$ und erst recht nicht auf
den Microsoft-Mainstream.

So habe ich im Juli 2020 zum Beispiel die Raumnutzungs-
tabelle fürs Institut mit einem kollaborativen System namens
CodiMD aufgesetzt. Jeder sieht, wann und wo der andere da
ist und trägt sich selbst entsprechend ein. Neue Woche –
neue Zeile, neuer Monat – neue Tabelle. Läuft.

Ein Kollege und ich haben zusammen eine Abfolge (zum Teil
auch Checkliste) aller Maßnahmen zur Umgestaltung einer
Lehrveranstaltung fürs nächste Semester

dort springt jetzt gerade ein Kollege für mich ein...

auf diese Art angelegt und gepflegt, inklusive Zeitplanung,
Personalkalkulation, Antragstexten, relevanten Links, usw.
Man kann komplizierte Abläufe so gemeinsam erfinden,
nachbessern, überprüfen und fürs nächste Mal
dokumentieren.

> Früher hätten wir das in 20 Mails festgehalten, wo man, wenn man später nochmal was nachschauen möchte, gar nicht weiß, wo man zuerst suchen soll und ob das Gefundene auch wirklich der letzte Stand blieb.

Man kann ToDo-Listen gemeinsam führen

> Meine Frau merkt an, dass ich ein ToDo-Listen-Fetischist bin. Ich habe zum Beispiel eine fürs Verreisen mit kleinen Kindern. Neben Reisebett, Babyfon und Milchflaschen stehen auch etliche Medikamente, das Spüli und Wischtücher für die Ferienwohnung, die Verpflegung für unterwegs, die Fake-Beleuchtung zu Hause und das Wegbringen des Mülls darauf. Und noch viele andere Punkte, die wir seitdem nicht mehr vergessen.

und zu kompletten Tätigkeitslisten für Mitarbeiter X ausweiten, damit nichts verloren geht, auftauchende Teilprobleme aufgeworfen und kommuniziert werden können, Fristen festgehalten werden, usw.

Andere Chefs, die Mitarbeiter X auch mal einspannen wollen, könnten X um Zugriff bitten und sehen dann, was und wieviel gerade läuft oder sie können ihre eigenen Kommentare "von der Seite" dazu geben.

Mehr als einmal habe ich Sitzungen mit CodiMD strukturiert und gesteuert: Man legt vorher eine Tagesordnung mit ersten Punkten an und lässt alle Teilnehmer vorab schon mal lesen, ändern und hinzufügen. Während der Sitzung baut man das Dokument gleich live zum Protokoll um. Alle sehen, was geschrieben wird, jeder kann mitlesen, editieren und selbst schreiben. Das Protokoll wird mit Sitzungsende gleich verabschiedet – nicht erst Tage später, wenn man gedanklich schon wieder ganz woanders ist und sich keiner mehr erinnert.

Man kann kollaborative Textdokumente auch einfach als Chat nebenher laufen lassen. Sogar mit Katzenfotos, wer's mag.

Genau genommen, ist kollaboratives Schreiben nicht allzu neu. Man denke ans klassische Wiki.

> Naja, Wikis sind ein bisschen altmodisch kollaborativ: an einem Artikel schreiben können dort viele – aber immer nur einer gleichzeitig. Das bekannteste Wiki ist natürlich die Wikipedia. Dort darf praktisch jeder schreiben
>
> > was die Sache sehr vielfältig aber teilweise etwas zweifelhaft macht,
>
> aber es darf auch jeder korrigieren und Unregelmäßigkeiten melden,
>
> > was groben Unsinn wiederum ganz schnell ausschließt.

Unser Institut hat ein Wiki, wo wir seit Jahren die Kontaktdaten aller Mitarbeiter festhalten, die Bedienungsanleitung für den großen Kopierer und die komplizierten Telefone und wie man die diversen elektronischen Kalender des Instituts aufs Handy synchronisiert. Das blieb jahrelang alles ziemlich statisch aber zuletzt kamen viele neue Wiki-Einträge hinzu und wurden sehr viel dynamischer als die obigen genutzt.

Es wäre absurd, diese ganze Arbeitsweise wieder zu vergessen, sobald die Pandemie im Griff ist. Ich will jedenfalls so oder so ähnlich mein Email-Pensum stark reduzieren.

Ein Gedankenexperiment, das wahrscheinlich viele von uns in den letzten Wochen gemacht haben: Was, wenn die Pandemie uns schon 30 Jahre früher, vor dem Zeitalter des Internet, getroffen hätte? Wahrscheinlich wären dann Telefon und Fax heiß gelaufen. Vielleicht hätten sich auch Briefe gestapelt.

> Eine meiner letzten Amtshandlungen Anfang September war, die Verschrottung unseres Faxgerätes anzustoßen. Inklusive aller Spuren in Emailsignaturen und Homepages.

Aber Workshops, Seminare, Vorlesungen…

Beim Thema "Positives beibehalten" fallen mir noch zwei Sachen ein:

1.) Ich fand es super, dass Aussagen von Wissenschaftlern endlich mal wieder mehr Beachtung fanden als die von Zweitplatzierten beim Dschungelcamp.

> Gegen den Dschungelkönig (m/w/d) haben wir natürlich alle keine Chance.

> Bis er/sie/es zwei Wochen später wieder vergessen ist.

2.) Gestern (Woche 10 nach dem Schlaganfall) überraschte mich unser großer Sohn damit, dass er fragte, ob er diese Woche mal anstatt in der Schule mit bei mir zu Hause essen kann.

An der kulinarischen Qualität kann es nicht liegen aber vielleicht vermisst auch er unsere täglichen Momente voller geschmacklicher Imperfektion (am Rande des gesundheitlich Vertretbaren) und Pragmatismus vom Frühjahr 2020.

> Update: Wir machten Nudeln mit dem besten Würstchengulasch unserer jungen Kochkarriere und hörten dazu laute italienische Musik. Das machen wir jetzt öfter. (nächstes Mal: Bratkartoffeln mit *viel* Zwiebeln und Schinken)

Ich vermute, Kochen mit Papa ist jedes mal wieder ein Abenteuer. Wie mit ner Nussschale über den Atlantik schippern oder in Sandalen auf den Everest steigen.

> Ich hoffe, die Jungs driften jetzt nicht – nur wegen unserer Kocherei – in die Nehberg-Messner-Richtung ab.
>
>> Von den unnötig dicken Büchern ganz zu schweigen.
>>
>>> Sch... Corona!

Chef sein

Seit mehr als 8 Jahren bin ich Chef: reizvolle Aufgaben im Gebiet meiner Wahl, tolle Kollegen (m/w/d), vieles von dem, worauf ich jahrelang hingearbeitet hatte, Bezahlung nicht übel, unbefristeter Vertrag, Jackpot.

Als Chef ändert sich so vieles. Man übernimmt Verantwortung: für Menschen, Aufgaben und den ganzen Laden.

> vorher hatten manche vielleicht nur Verantwortung für sich selbst und haben das so leidlich hinbekommen

Die Fäden in der Hand zu halten, hat natürlich Vor- und Nachteile. Man kann gestalten, lenken und eingreifen, wenn jemand seinen Job nicht ganz zielführend macht. – Man *muss* es aber auch.

Die Einheiten, in denen man Arbeit jetzt bemisst, sind nicht mehr Stunden sondern Aufgaben und Projekte. Man geht nicht nach 8 Stunden nach Hause, legt den ganzen Kram ab und schimpft über den Chef

> das wäre man inzwischen ja selber

sondern versucht, einzelne Arbeitspakete fertig zu bekommen

> oft unabhängig von der Uhrzeit

und trotzdem vorm Abendessen zu Hause zu sein. Man fängt an, zu verstehen, wie sich Selbstständige fühlen müssen.

> Nur, dass bei denen auch noch der Verdienst ständig auf dem Spiel steht.

Als Chef rückt man oft etwas weiter weg von den Dingen, wegen denen man sich für den Job entschieden hatte, und etwas mehr in Richtung Manager. Das muss man nicht mögen aber mit der richtigen Mischung aus Verantwortungsgefühl und Pragmatismus bewältigen um doch noch etwas Zeit für den einstigen Traumjob übrig zu haben.

> Ein Chefarzt ist zum Beispiel manchmal mehr Chef als Arzt. Es gibt Chefärzte, die bei der 1-Minuten-Visite die Türklinke nicht wirklich loslassen und vermutlich mit den Gedanken schon bei der nächsten Budgetkalkulation sind.
>
> Da rede ich lieber mit Ärzten, die Zeit für mich haben und sich noch täglich mit Medizin beschäftigen. Ich habe zuletzt aber auch mehrere Vorzeige-Chefärzte kennen gelernt.

Delegieren ist auch – oder gerade – bei administrativen Aufgaben erlaubt. Man hat die vielen tollen Kollegen nicht nur, um den schokoladigen Teil des Jobs mit ihnen zu teilen.

Und da lauern Chef-Fallen: Ich kann mich zum Beispiel noch sehr gut erinnern, wie schwierig es war, den Chefposten, und damit auch erstmals einen unbefristeten Vertrag, zu erlangen. Vorher vollbringt man jahrelang Höchstleistungen bei unklarer Jobperspektive, schwört sich selbst, kürzer zu treten, wenn man das jemals schafft und verschiebt die Familienplanung mal lieber auf später. Jede Chance, sich von der Masse abzuheben und bei der nächsten Bewerbung eingeladen zu werden, war Gold wert.

Ich habe diese schwierigen Zeiten nicht vergessen und versuche, meine Kollegen, die jetzt in einer ähnlichen Situation sind, zu unterstützen, so gut ich kann.

> Das akademische System in Deutschland ist diesbezüglich knallhart. Stellen unterhalb einer Professur sind in aller Regel befristet. Um auf eine Professur zu kommen, hat man ab Diplom/Master-Abschluss (also mit etwa 25) maximal 12 Jahre Zeit.
>
>> Die Erfolgschance liegt, unter denjenigen, die es ernsthaft versuchen, ab der Promotion gerechnet, bei etwa 10%.
>>
>>> Die Chancen hängen stark vom Fachgebiet ab.

Wenn es nicht klappt, muss man den Job wechseln oder das Land.

Ich habe mit Anfang 30 ein paar Jahre an einer Uni in England gearbeitet, wo es unbefristete Stellen schon sehr viel früher gibt, und habe viele exzellent ausgebildete 37-jährige Deutsche gesehen, die sich dort bewerben und oft auch sehr gut ankommen. Schade, Deutschland.

Wenn man hingegen in Deutschland zur Professur gekommen ist, dann war das eine der wenigen Möglichkeiten, im erträumten Fachgebiet unbefristet forschen und lehren zu können – mit dem Ergebnis, dass man ab sofort Manager sein muss, denn man ist ja jetzt Chef.

Werden auch Fußballer, sobald sie im Profibereich angekommen sind, mit Administration überhäuft bis sie kaum noch Fußball spielen?

> Meckern auf hohem Niveau, ich weiß.

> Ossis sind auch nur Deutsche.

Will man also einen jungen Kollegen (m/w/d...), der um den Sprung in die Chefetage kämpft, wirklich mit administrativen Aufgaben lähmen, für die er sich später nichts kaufen kann?

> im Sinne von: Zählbares im Lebenslauf

Oft mache ich den Kram dann auch selbst, tappe in Chef-Falle Nr. 1, und ärgere mich, dass wenig Zeit für den spaßigen Teil des Jobs bleibt.

> Der Fairness halber sollte ich erwähnen, dass mein Vize-Chef sich selbst überhaupt nicht vor administrativen Aufgaben scheut – ganz im Gegenteil. Er ist inzwischen ein besserer Manager als ich und startet selbst etliche Großbaustellen
>
> > mit administrativen Riesenbrocken,
>
> die für die ganze Uni sehr wertvoll sind. Von mir kann er nicht mehr viel lernen sondern wäre ein großartiger eigener Chef. Aber das System ist eben wie es ist.

Im Moment, während ich hier sitze und vor mich hin heile, retten mein Vize-Chef und meine Kollegen (m/w/d) die Show, und ich zweifle keine Sekunde daran, dass sie das großartig machen.

Meine Aufgaben abzugeben fiel mir kein bisschen schwer. Insbesondere den Posten des Institutsleiters habe ich freudig in hohem Bogen von mir geworfen. Chef bleibe ich trotzdem, nur jetzt von angenehmen 12 statt über 40 Leuten.

Anfangs fand ich es super, dass mir das Loslassen so leicht fällt. Dann fand ich beunruhigend, dass es mir **so** leicht fällt. Inzwischen finde ich es wieder super und verbuche es unter "Prioritäten richtig gesetzt". Dass ich in dem Job gut aufgehoben war – und hoffentlich bald wieder bin – habe ich in der Zwischenzeit in Ruhe mit mir ausgeknobelt.

Na gut, beim Thema "Aufgaben delegieren" gibt es also ein paar Fallen aber auch noch in ganz anderen Bereichen des Chef-Seins:

Bei Chef-Kollegen (m/w/d) beobachte ich ein mehr oder weniger stark ausgeprägtes Hierarchiedenken.

> ...und das sollte bei Chefs auch so sein. Die Frage ist nur: mehr oder weniger?

Manche Chefs siezen ihre langjährigen engsten Mitarbeiter, inklusive des Vize-Chefs, und bieten einem vergleichsweise fremden Chef nach 2 Stunden das "Du" an.

Das hat auf mich immer befremdlich gewirkt, so sehr ich mich

> als der fremde Chef

auch über die Vertraulichkeit gefreut habe. Gerade, wenn ich versuche, mich in die langjährigen Kollegen hinein zu versetzen, laufe ich Gefahr, Trauer und Zurücksetzung zu empfinden und Arroganz der Chefs zu unterstellen. Dabei kenne ich einige dieser Chefs mittlerweile so gut, dass ich Arroganz ganz gut ausschließen kann.

> Ich denke hier gerade an viele meiner Ingenieur-Chef-Kollegen.
>
> > nicht zu verwechseln mit Chefingenieuren
> >
> > > oder gar Oberingenieuren ;-)

Ich vermute, deren prägendes Erlebnis war, dass sie zwischendurch jahrelang Abteilungsleiter bei Siemens, ThyssenKrupp oder IBM waren, wo die hierarchische Strenge vielleicht etwas weniger Gandhi, mehr Stabsfeldwebel ist.

> Durch den Umweg in die Industrie hatten sie selbst außerdem auch das 12-Jahres-Problem nicht, ihre Vize-Chefs werden es wahrscheinlich nie haben, und schon tappt man viel seltener in Falle Nr. 1.

Nennt mich Ingenieur-Versteher!

> ...ich kann aber natürlich auch falsch liegen.

Vielleicht ist ja deren Verhalten völlig normal und nur wir Mathematiker, Informatiker, Natur- und Geistes-Wissenschaftler sind durch den 12-Jahres-Stress zu traumatisiert.

Ich kenne natürlich auch Kollegen,

> nicht an meiner Uni,

sogar Mathematiker,

> nicht zu glauben!

die, als sie Chef wurden, ihr scheinbar angeborenes

pardon my language:

Rindvieh-Potential endlich voll entfalten und ausleben konnten, inklusive "unausstehlich von oben herab und notfalls erträglich auf gleichem Level".

Dieser Abschnitt klammert solche Chefs eigentlich weitestgehend aus.

Ein Luxus, um den mich deren Mitarbeiter (m/w/d) wahrscheinlich beneiden.

Ich suche den komplementären Ansatz – ohne dabei die Chefrolle aufzugeben. Wie muss ein fairer und wertschätzender Chef aussehen, der sich nicht selbst kaputt arbeitet?

Bei der Gelegenheit lese ich mir selbst (und jedem, den die Frage nach einem guten Chef sonst noch interessiert) mal ein paar Zeilen aus einem meiner Lieblingsbücher, "The Last Lecture" von Randy Pausch, vor:

"Wenn ihr die Serie gesehen habt, dann wisst ihr, dass Kirk nicht der smarteste Typ auf dem Raumschiff war. Sein Erster Offizier Mr. Spock war der immer logisch denkende Intellekt an Bord. Dr. McCoy verfügte über das gesamte medizinische Wissen [...]. Scotty war der Chefingenieur mit einem technischen Know-how, das ihn befähigte, das Schiff selbst dann in Betrieb zu halten, wenn es gerade von Aliens angegriffen wurde. Was aber konnte Kirk? [...] Er war die Quintessenz des dynamischen Managers, der zu delegieren verstand und andere mit seiner Leidenschaft inspirierte. [...]

Er gab nie vor, etwas besser zu können als seine Untergebenen. Er ging immer davon aus, dass sie genau wussten, was sie in ihrem jeweiligen Fachgebiet taten."

Bis zu Captain Kirk fehlt mir sicher immer noch das eine oder andere Lichtjahr. Aber es ist schon mal gut, zu wissen, dass er es nicht unpassend fand, der Chef von Leuten zu sein, die punktuell bessere Fähigkeiten hatten als er.

> Natürlich sind seine Mitarbeiter wahnsinnig gut – er hat sie schließlich eingestellt.

Wenn ich darüber nachdenke, wie wir in stark reglementierten Berufungsverfahren Professuren neu besetzen, dann suchen wir zu aller erst Spocks

> weil sich die Spock-Eignung ganz gut in Zahlen messen lässt,

schauen einmal aus der Nähe, ob sich Mr./Mrs. Spock nicht als organisatorische Vollkatastrophe darstellt, und haben anschließend großes Glück, wenn er/sie/es, in die neue Chef-Rolle geschlüpft, sich als guter Kirk erweist.

> Naja, ungefähr. Wir versuchen schon auch, aus dem Lebenslauf und dem Verhalten im Vorstellungsgespräch heraus zu lesen, ob jemand schon Führungserfahrung oder -potential hat. Aber aufstrebende Einsteins, die noch nie Chef waren, will man ja keineswegs ausschließen.

Vielleicht sollten wir als Uni den Neu-Chefs eine Zeitlang einen Alt-Chef als unverbindlichen Mentor zur Seite stellen oder eine (Wo)Men's help group für Neu-Chefs bilden – als Hilfe auf dem Weg zu Captain Kirk. Mir hätte das gefallen. Vielleicht hätte ich es individuell einfordern müssen.

Zurück zum Thema Distanz: Eine gewisse Distanz zwischen Chef und Nicht-Chefs ist wohl durchaus wichtig. Ob man das "Sie" dazu benutzt oder nicht, bleibt jedem (m/w/d) Chef selbst überlassen.

> Mein Onkel, der Horst, sagt immer:
> "Du Arschloch sagt sich leichter als Sie Arschloch."
>
> > Pardon. Ich zitiere nur!

Da man als Chef viele zusätzliche Aufgaben hat, braucht man auch zusätzliche Freiheiten – und darf sie sich auch nehmen.

Ich kann bei einem mehrtägigen, von mir angesetzten, Klausur-Korrekturmarathon

> Für 1000 Klausuren brauchen wir etwa 500 Personenstunden, d. h. 12 Leute eine Woche lang mit 8 Stunden pro Tag.
>
> > Augen zu und durch; anschließend aus dem Leben streichen

> Ich schreibe das hier nur, damit sich diejenigen Chef-Kollegen das mal ausmalen können, die für ihre handvoll Klausuren luschige 5 Wochen brauchen.

nicht von Anfang bis Ende mitmachen, weil in dieser Zeit viele strategisch-chefige Aufgaben per Email auf mich einprasseln, die ich meist nicht delegieren kann aber auch nicht alle auf den verdienten Feierabend verschieben sollte.

Als Chef darf man sich nicht schlecht dabei fühlen, sich mal von der Drecksarbeit davon zu stehlen.

> Das, was man statt dessen tut, kann und will einem auch keiner abnehmen.

Und beim Davonstehlen hilft einem die Distanz. Man sitzt zwar im selben Boot aber in unterschiedlichen Kabinen.

Es gibt noch viele andere Fallen, in die man als Chef mit zu wenig Distanz leicht tappt. Dabei fällt mir eine Geschichte ein, bei der ein netter Jung-Chef

> kein Mathematiker; auch andere haben Probleme!

kürzlich meinen Rat suchte.

> Jetzt bin ich scheinbar schon alter Hase...

Er trat den Chefposten kurz zuvor an und brachte einen geschätzten Kollegen mit, mit dem er schon seit Jahren zusammengearbeitet hatte – jedoch vorher auf ungefähr gleichem Level, jetzt nicht mehr.

Die Distanz zwischen den beiden war vorher Null und jetzt wahrscheinlich nicht viel größer.

Der geschätzte Kollege fing jedenfalls plötzlich an, den (neuerdings) Chef offen vor anderen zu hinterfragen, zum Beispiel wenn er für sich selbst – den Chef – entschied, wann sein Dienstbeginn, Dienstschluss oder Home-Office-Tag sein sollte.

> Und das waren keineswegs absurde Zeiten.

Wir diskutierten noch etwas und ich packte die ganz großen väterlichen Weisheiten aus:

Als Chef muss man niemandem erklären, dass man oft genug auch abends auf der Couch und morgens unter der Dusche Job-Probleme wälzt und dass man im Home-Office endlich mal ein paar Stunden zusammenhängend und in Ruhe arbeiten kann.

Ich riet ihm zu einem ernsten Zwiegespräch mit obiger Klarstellung und einer Abmahnung im Wiederholungsfalle.

Meinem Jung-Chef-Kollegen diese Tipps zu geben, fiel mir ganz leicht. Andere Perspektive, andere Situation. Ich selbst hatte ja auch gar keinen Kollegen, der meine chefigen Freiheiten in Frage stellte.

Höchstens imaginär, fiktiv, im Hinterkopf.

Im Hinterkopf ist am 11.9. einiges kaputt gegangen. Vielleicht ja auch der imaginäre Kollege.

Im Ernst: Ich hatte bisher ein sehr gutes Händchen bei der Auswahl meiner Mitarbeiter. Mathematiker sind in der Regel sowieso auf die Sache konzentriert und sehr kollegial.

Bei der Reha hatte ich auch ein paar neuropsychologische Termine. Die meisten dienten der "Inventur", und als die recht positiv ausfiel, folgten ein paar Sitzungen – mit Reden und so...

Auf die erste war ich super vorbereitet! Ich hatte vorher einen Zettel vollgemalt, wie sich mein Job aus meiner Sicht aufgliedert: Forschung, Lehre, Transfer und Administratives.

Unter jedem Punkt kamen nochmal 5-6 Unterpunkte. Bei Transfer standen zum Beispiel Industrie (und darunter wiederum: Abschlussarbeiten, größere Projekte), Schulen (Messen, Mathe-Camps, Matheolympiade) und normale Leute (Vorträge und Experimente bei der Nacht des Wissens und ähnlichem).

Es wurde fast so ein schöner Graph wie bei der KO-Phase vom Fußballturnier! Nur nicht ganz so regelmäßig und mit dem "Finale" ganz oben statt unten.

"Baum" nennen Mathematiker und Informatiker diese Art von Graphen, die einen Begriff in seine großen und kleinen Bestandteile aufspalten.

Der Baum steht bei uns nur andersrum als in der Natur.

Deswegen malen Mathematiker auch Stammbäume mit der Wurzel (sich selbst) ganz oben. Und jeder andere denkt: Was sind wir heute wieder ich-zentriert, der Herr Professor (m/w/d).

Die Therapeutin freute sich über mein Mitbringsel,

Äußerlich. Ich weiß nicht, ob sie schon mal einen Mathematiker "hatte".

wir diskutierten über gute Chefs und imaginäre Kollegen und dann gab sie mir die Hausaufgabe, einen solchen Zettel für den "egoistischen Chef" zu malen: Was von alledem würde ich machen, wenn es nur um mich ginge?

Alles darf, nichts muss. Ungeliebte Aufgaben machen sich notfalls von selbst und keiner beäugt mich kritisch.

Super Aufgabe!

Ich nahm einen neuen Zettel, schrieb den alten 1:1 ab, und *dann* nahm ich den Rotstift. Halleluja!

Aber dann strich ich gar nicht so viel wie ich im ersten Hochgefühl wollte. Außer der Admin-Seite

> die wurde kurz und klein gestrichen – einige Punkte doppelt

blieb der Rest fast ungeschoren. Ich bin offenbar ganz zufrieden mit meinem Job.

> wenn der Admin-Part mal nicht den spaßigen Rest auffressen darf

Moral:

- Distanz zu den anderen kann einen als Chef auch vor sich selbst schützen; vor missgünstigen Kollegen sowieso.
- Ein leicht distanzierter Chef muss nicht automatisch seltsam oder arrogant sein.
- Ein guter Chef ist auch mal gut zu sich selbst.

Selbst- und Fremdwahrnehmung

Wie wichtig sollte einem die Meinung der anderen sein? Vielleicht hängt die Frage zusammen

> aber garantiert nicht untrennbar

mit der Frage, ob man Sinn erst verspürt, wenn man das Leben *anderer* nachhaltig positiv

> oder das, was man für positiv hält,
>> Brexit, America first, ...

beeinflusst oder schon, wenn man gut zu *sich selbst* ist. Völlig unplausibel wäre es nicht.

Sich bei jedem Schritt zu fragen, was wohl andere darüber denken werden, ist sicher falsch. Sich überhaupt nicht um die Meinung anderer zu scheren, kann auch gewaltig schief gehen.

> Am Ende muss man von vier Leuten aus dem Weißen Haus getragen werden.

Irgendwo dazwischen ist der richtige Weg, bei jedem ein bisschen anders, und eigentlich gehen ihn die meisten Leute instinktiv.

Unsere beiden Söhne sind da schon recht verschieden,

> auch als der Große noch 5 war – sonst könnte man es nicht vergleichen,

obwohl wir überhaupt keinen Unterschied bei der Erziehung mach(t)en. Der Unterschied muss wohl schon vorher da gewesen sein – ähnlich wie bei der Haarfarbe.

Kann man die Haarfarbe ändern, nur weil man ab sofort Chef ist? Äußerlich, ja.

Bevor ich Chef wurde, war ich keiner.

> Stimmt, bis hierher klingt es wie "Die Sendung mit der Maus".

Da hatte ich einen Chef.

> Genau genommen, sogar zwei. Aber mit dem einen gab es öfter atmosphärische Störungen, während der andere und ich uns super verstanden, und ab einem bestimmten Punkt hatte ich nur noch einen.

An meiner Arbeit gab es ab und zu etwas Gutes und mein Chef fand regelmäßig

> nicht zu oft aber doch unterschwellig merklich

nette Gesten oder auch mal passende Worte. Gute Chefs machen das, und das lebe ich selbst auch so, seitdem ich Chef bin.

> Ein kleines "Danke" oder "gut gemacht" kostet uns 2-3 Sekunden, erfreut unser Gegenüber für Stunden und liefert Motivation und Ansporn für Tage. Das sind bestimmt manchmal die am besten investierten 2-3 Sekunden des Tages.

Da, wo ich herkomme, tendieren viele offenbar dazu, das Gute zu loben. Positive Verstärkung. Für den Gelobten ist das ein brauchbares Feedback: Man weiß, wann es *gut* ist. Und wenn mal eine Weile wirklich gar nichts kommt, dann war wohl nichts Lobenswertes dabei. Mehr anstrengen.

Dann änderten sich zwei Dinge:

  a) ich wurde Chef,
  b) in Norddeutschland.

> Bei b) ist, nach meiner Erfahrung, der Ansatz oft komplementär zu dem, mit dem ich aufwuchs: Nicht gemeckert ist genug gelobt.
>
> > Barbaren...

Aus beiden Gründen gab es ab sofort kein Feedback mehr und das war mir auch völlig klar. Jedenfalls rational, im Kopf. Das Rückenmark wusste angesichts des fehlenden Feedbacks vielleicht manchmal doch nicht genau, wann (oder ob) es *gut* ist und signalisierte immer mal wieder: Mehr anstrengen! Das ist sicher kein Fehler aber auf die Dauer wird es eben anstrengend.

In Wirklichkeit gab es ja Feedback: immer am Ende des Semesters von den Studis, die sich die Zeit dafür nahmen. In meinen ersten vier Jahren waren das eine handvoll; das Feedback war OK und hielt mich am Laufen.

In Jahr 5 kam die Rettung: Ich übernahm die ganz große Veranstaltung mit (bei Semesterbeginn) 1200 Studis, und ab Jahr 6 war das Feedback super. Viel, laut und brutal gut.

Meine vielen Bildchen am Beamer waren doch nicht nur albern, menschliche Sprache hilft Nichtmathematikern wirklich bei Mathe, Geschichten von Kindergeburtstags-parties und Bauernhoftieren halfen beim Verständnis, dumme Witze schadeten zumindest nicht.

> Mit Ingenieursprüchen habe ich mich sehr zurück gehalten. Die Studis wollten das gerade werden.

Zwei wollten mich zum Präsidenten wählen, gleich mehrere wollten von mir adoptiert werden, andere wollten wegen mir jetzt auch Professor werden. Immer mal was anderes. Aber es war endlich *gut*.

Das wichtigste Feedback war natürlich das Prüfungs-ergebnis, und das war *wirklich* gut. Die Studis hatten messbar etwas gelernt.

> Und nein, die Prüfung war nicht extra leicht.

In Jahr 8 gab es drei Preise

> und die Hoffnung, dass es jetzt auch das Rückenmark schnallt,

zwei für Abschlussarbeiten, die ich mit je einem Kollegen ausgegeben und betreut hatte, und einen für mich und meine Lieblingsvorlesung.

> Willkommen in Norddeutschland. *Plopp!* Flens.

Wenn schon Feedback, dann mit Schwung. Seitdem lebe ich entspannter.

> Corona ist ein Ausnahmephänomen. Dafür kann Norddeutschland nichts.
>
> > Tirol: vielleicht

Meinen Preis habe ich mir gerahmt und über dem Schreibtisch an die Wand genagelt. Fürs Rückenmark.

Kleines Fazit (selbst mühsam gelernt):
Wenn es manchmal schwerfällt, am "Ende" des Tages einen Schlussstrich in Sachen Arbeit zu ziehen – einfach verdient Feierabend zu machen –, kann das mehrere Gründe haben:

- In Zeiten von Home-Office kann das mit der fehlenden räumlichen Trennung zusammen hängen.

> Das abendliche Wohnzimmer gehört, gefühlt, noch mit zum Arbeitsplatz. Hier sollte man tagsüber besser nicht auf der Couch arbeiten.
>
> > ...ist auch ganz schlecht für den Rücken

- Die Arbeit wird einfach nicht fertig.

> Das stimmt und liegt daran, dass ständig neue Arbeit nachkommt. Das Hamsterrad dreht sich beliebig lang weiter, wenn man nicht selbst täglich die Bremse drückt.
>
>> Bei der Wäsche geht es mir manchmal trotzdem noch so. Einfach alles wegwaschen, damit Ruhe wird. Und dann kommt der nächste Haufen. Völlig unerwartet...

- Warte ich, dass mir jemand anderes sagt, wann es *gut* ist?

> Das kann sein. Chef um ehrliches Feedback bitten oder, falls selbst Chef: hart arbeiten, Kopf an, Rückenmark aus.

- Manche Dinge machen einfach Spaß.

> Schön!
> Aber höchstwahrscheinlich auch morgen noch.

Was fehlt?

Gesundheitlich **fehlt** gar nicht mehr viel. Der Schwindel wird immer seltener. Ein kleines Schläfchen mitten am Tag muss manchmal sein.

> Das hätte bestimmt früher auch nicht geschadet aber jetzt ist es medizinisch notwendig. :-)

Das Rennen kommt auch irgendwann noch. Kettenkarussell fällt wohl dauerhaft aus. Nie wieder Gehen wäre viel schlimmer.

Und was **fehlt** mir sonst, jobmäßig?
Fast alle Kollegen, stimmt.

> Aber bei kollegialem Trennungsschmerz habe ich offenbar eine eher hohe Schmerzgrenze.
>
> Im Ernst, ich habe im Frühjahr 2020 auch nach Wochen von häuslicher Isolation keinen Menschen vermisst. Ich hatte meine Familie um mich, die Kollegen habe ich öfter per Video gesehen. Reicht vollkommen!
>
> Meine Frau ging jeden Tag ins Büro und fing trotzdem nach einigen Wochen an, mit den Füßen zu scharren. Sie wollte in Restaurants, Cafés, Shoppen, unter Leute. Mir ging das alles *völlig* ab.

> Nicht mal Klopapier wollte ich kaufen gehen.

Auch bei der Reha im Oktober genoss ich die menschenleeren Wochenenden mit nichts als Ruhe.

Vielleicht ist Raumfahrer doch noch eine Option. Halbes Jahr auf der ISS: kein Problem!

Die Doktoranden und Mathe: **fehlen** definitiv. Den Kollegen diverse Deadlines (Tutorenbedarf, Lehrplanung, Lehraufträge, Hygienekonzepte, …) hinterher tragen: nö! 80 Mails am Tag: #Stinkefinger.

Was mir tatsächlich, neben den Doktoranden und Kollegen, am meisten fehlt, ist der Hörsaal und die Studis. Inzwischen ist Nikolaustag. Im Hörsaal würde ich jetzt, als kleines Gimmick nebenher, meine Studis die folgenden Bilder nachzeichnen lassen:

a) 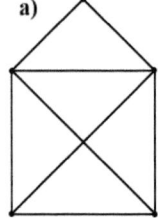   b) 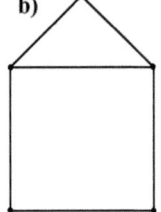   c)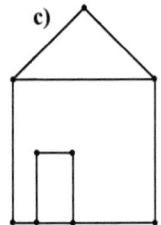

Aber, wie man das schon kennt, in einem Zug und ohne den Stift abzusetzen.

a) kennt jeder noch seit Kindertagen, bei b) sagt mir immer ein Freiwilliger an, wie ich den Stift am Tablet führen soll. Tosender Applaus oder vornehmes Gelächter – eines von beidem ist ihm sicher. Mutig! 700 sitzen da allemal noch.

Sogar bei a) ernte ich, wenn ich es schnell selbst zeige, jedes mal Beifall – mit Pfiffen und Trampeln. Immer.

> Sechsmal hab ich das jetzt schon gemacht.

"Da lässt man monatelang die gesammelten Schlaumeiereien der letzten Jahrhunderte vom Stapel und muss froh sein, wenn keiner einschläft, und dann malt man einmal das Haus vom Nikolaus und der Saal rastet aus." ...sage ich dann immer.

> Denke ich ja auch! :-)   Ist auch nicht böse gemeint. So gut kennen mich die Studis bis dahin.

Bei c) meldet sich dann erstmal keiner. Irgendwann kommt doch immer noch jemand. Diesmal ist der Erfolg aber von vornherein ausgeschlossen, was er offenbar noch nicht weiß. Ich erlöse ihn nach ein paar todesmutigen Sackgassen.

Meist gibt es trotzdem etwas Trostapplaus.

> Empathie ist auch ein wichtiges Gut!

Niemand weiter will es versuchen.

Wollen wir einfach gemeinsam "beschließen", dass c) unmöglich ist? "700 Leute haben es minutenlang versucht und nicht geschafft. Es muss unmöglich sein. Was zu beweisen war..."

Aber genau hier zeigt sich der Unterschied zwischen Wissenschaft und "Wissenschaft".

Auch *das* Erlebnis ist mehr als nur ein Gimmick.

Nur die Soziologen bemängeln wahrscheinlich meine unverhältnismäßige Härte. Im Saal hat sich bisher keiner (m/w/d) geoutet.

Muss ich mich wirklich entschuldigen, dass ich das Wort so unbeugbar interpretiere? Wis-sen-schaft!

Die Fermat'sche Vermutung war auch 350 Jahre lang unbewiesen und blieb deshalb eben eine Vermutung, kein Satz. Es haben Tausende versucht!

Wir probieren c) nochmal gemeinsam, 700 Leute, irgendwie, und merken, dass unser Stift, vom Start- und Endpunkt mal abgesehen, jeden weiteren Punkt auf seiner Reise "doppelt besucht": Auf einer Linie fahren wir in den Punkt rein, auf einer zweiten wieder heraus – nur zur Durchreise. Diese beiden Linien (Mathematiker sagen "Kanten" statt Linien, "Knoten" statt Punkt und "Graph" statt Bildchen) sind somit fertig, angemalt, verbraucht. Egal, zu welchem Zeitpunkt wir die Reise anhalten, bei Start- und Endknoten wurde je eine Kante verbraucht und bei den Durchreiseknoten jeweils eine gerade Anzahl (mehrmals zwei). Bei Start und Ziel kann auch jeweils nochmal eine gerade Anzahl zu der Eins dazu kommen, denn zwischendurch sind wir vielleicht noch paarmal durchgereist. Damit sind Start- und Zielknoten die einzigen mit einer *ungeraden* Kantenzahl und alle anderen haben eine *gerade* Kantenzahl. (Bei Start = Ziel wird es auch dort gerade, denn $1 + 1 = 2$.)

Die Knoten von c) haben aber 2, 3, 3, 2, 2, 2, 3, 3 und 2 Kanten. Zu viele Dreien! Es gibt vier Knoten mit ungerader Kantenzahl. Die können nicht alle Start und Ziel sein. (Nur, wenn man den Stift absetzt und ein zweites mal startet und endet.) Also ist c) in einem Zug nicht möglich. Was zu beweisen war. So geht's.

Wir haben nicht nur gesehen, wann die Reise *unmöglich* ist, tatsächlich gibt das Kriterium auch genau an, wann sie *möglich* ist.

> Na gut, zusammenhängend muss der Graph auch noch sein.

Und(!) wir haben gelernt, wo man anfangen muss: bei einem der ungeraden Knoten. Bei a) hat man 3, 3, 4, 4, 2 und muss bei einer der Dreien starten (und hört bei der anderen auf), und bei b) hat man 2, 2, 3, 3, 2 und muss auch wieder bei den Dreien starten und enden.

So kann man langsam verstehen, worum es bei Mathe eigentlich geht.

> "Ausrechnen" ist jedenfalls für Amateure.

> Meine Kollegen aus der Numerik unterschreiben den Punkt vielleicht nicht direkt. Andererseits rechnen nicht *sie* etwas aus sondern *die Computer* – mit ihrer Hilfe. Ich glaube, sie unterschreiben es doch gleich.

Und die Stift-Reisen in irgendwelchen "Graphen"?
Alles nur Spielkram, für Kinder und Mathematiker?

> Und was ist mit Postboten, Müllabfuhr,
> Straßenreinigung, Verkabelungen aller Art, ... ?
>
>> Das macht der Computer und das Navi.
>
> #HandVorStirn
> Und wer hat's denen beigebracht?
>
>> Numeriker?
>
> Nee, den Teil nicht.

Es sieht nicht immer so aus aber mir geht's schon besser.   :-)

In ein paar Wochen, kurz vor Weihnachten, würde ich in
manchen Vorlesungen über Fraktale reden – ebenfalls außer
der Reihe.

> Wegen Weihnachten. Manche Fraktale sehen aus
> wie Eiskristalle, und eines heißt sogar Mandelbrot-
> Menge. Da fehlen doch praktisch nur noch Christ-
> stollen und Glühwein!

Erstes Beispiel: Fangen wir mal mit einer Strecke an. Die
teilen wir in drei gleich lange Teile und entfernen das mittlere
Drittel. Von den zwei verbliebenen Dritteln machen wir je eine
Kopie. Mit den Kopien bauen wir ein dreieckiges Dach über
die Lücke.

Jetzt haben wir ein Gebilde aus vier Dritteln der Ausgangsstrecke. Mit jedem der vier Drittel machen wir nun dasselbe wie mit der Ausgangstrecke. Und so weiter.

> Auch meditative Bastelei passt gut zu Weihnachten.

Irgendwann hat man nur noch winzigen Fitzelkram aber davon jede Menge. Das Gebilde verändert sich bei weiteren Schritten nur noch unterm Mikroskop und wird im Grenzfall *Koch-Kurve* genannt.

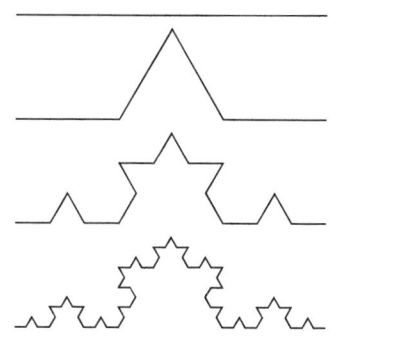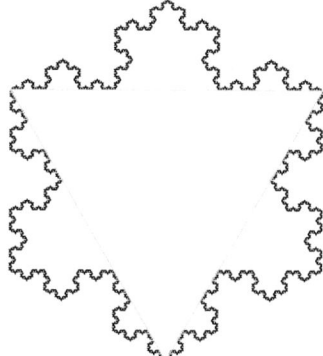

Setzt man drei gleich große Koch-Kurven (die Dächer nach außen) wie ein Dreieck zusammen, entsteht die sogenannte *Koch'sche Schneeflocke*.

> Und der erste Glühwein kann kommen.

Die Schneeflocke besteht ja nur aus Linien, also eindimensionalen Bauteilen. Andererseits wird durch die vielen Dächer und Zacken fast schon ein Stück von der Zeichenfläche ausgemalt – die ist zweidimensional. Ist die Schneeflocke selbst ein- oder zweidimensional? Gibt es noch was dazwischen?

Bevor wir das beantworten, schauen wir uns kurz noch zwei andere Fraktale an:

- Wir starten wieder mit einer Strecke, dritteln und werfen das mittlere Drittel weg. (Diesmal kein Dach über die Lücke.) Den Vorgang wiederholen wir mit jeder der beiden verbliebenen Drittel-Strecken. Und so weiter. Das Ergebnis heißt *Cantormenge* und liegt noch auf der Linie, mit der wir begannen. Es bleibt aber nur ein Hauch von Nichts übrig. Lauter einzelne Punkte, nichts hängt mehr zusammen – wie Staub. Ist die Dimension Eins (Strecke) oder Null (Punkt)?

- Jetzt starten wir mit einem ausgefüllten gleichseitigen Dreieck, halbieren alle drei Seiten und verbinden die Mittelpunkte. Das große Dreieck zerfällt so in vier gleich kleine Dreiecke: drei an den Ecken und das vierte mittendrin. Das vierte entfernt man nun und mit den anderen dreien verfährt man so wie mit dem großen zuerst. Und immer so weiter. Das Gebilde, dem man sich jetzt nähert, heißt *Sierpinski-Dreieck*. Was ist seine Dimension? Der Anfang war zweidimensional (Dreiecksfläche) und wir nähern uns einem äußerst dekorativen aber doch recht dünnen "Gerüst" – fast so dünn wie ein paar Linien (eindimensional).

Um die Dimension der Koch-Kurve K, der Cantormenge C und des Sierpinski-Dreiecks S bestimmen zu können, muss man sich erstmal einigen, was man mit dem Wort *Dimension* meint.

Dazu nehmen wir uns einen gedachten, wunderschönen Weihnachtsengel W, den wir in unserer Freizeit gebaut haben. Oma findet W so toll, dass sie eine Kopie von ihm möchte, aber doppelt so hoch, breit und tief. Als Mathematiker sagt man, W wird (in alle Richtungen) mit dem Faktor 2 gestreckt, oder auch *skaliert*, und schreibt $2W$ für das neue Objekt. Und jetzt kommt der Witz:

Wieviel Material brauche ich für Omas $2W$? Für den doppelt so langen Sternenstab von $2W$ brauche ich doppelt so viel Draht wie bei W. Für die mit Papier bespannten Flügel von $2W$ brauche ich viermal so viel Papier wie für die von W. Und für den Körper von $2W$ brauche ich sogar achtmal so viel Holz wie für den von W.

> Der Stab ist nur lang, die Flügel sind hoch und breit, der Körper ist hoch und breit und tief. Beim Körper wurden also drei Ausdehnungen mal 2 genommen, also insgesamt mal $2 \cdot 2 \cdot 2 = 8$.

Nochmal in kurz: Mein Materialeinsatz für $2W$ ist gerade $2^1, 2^2$ oder 2^3 mal so groß wie der für W – je nachdem, ob es um den 1-dimensionalen Stab, die 2-dimensionalen Flügel oder den 3-dimensionalen Körper geht. Rückwirkend könnte man also über die Steigerung des Materialeinsatzes auch auf die Dimension des "Bauteils" schließen.

Anstelle des Weihnachtsengels W führen wir das Vergrößerungs-experiment jetzt mit den seltsamen Mengen C, K und S durch.

Bei der Cantormenge C bietet es sich an, nicht mit dem Faktor 2 sondern 3 zu skalieren, da bei der Konstruktion von C immer wieder durch 3 geteilt wurde. Man stellt schnell fest, dass $3C$ genau aus zwei Kopien von C und einer Lücke besteht. Dementsprechend muss der "Materialeinsatz"

> sagen wir mal, Bleistiftverbrauch

für $3C$ genau doppelt so groß sein wie der für C. Andererseits, so wie wir den Begriff Dimension gerade eingeführt haben, muss $3C$ gerade $3^{\text{Dimension}}$ mal so viel Material wie C benötigen. Damit sind die Karten gelegt:

$3^{\text{Dimension}}$ muss 2 sein, und folglich ist die Dimension von C, bezeichnen wir sie $\dim(C)$, gleich $\log_3 2$, das ist etwa $0.63...$ Verrückt!

Genauso sieht man, dass

$$\dim(K) = \log_3 4 = 1.26... \quad \text{und} \quad \dim(S) = \log_2 3 = 1.58... \,.$$

Diese furchtbar gebrochenen Zahlen als Dimensionen für Objekte, die man

> mit genügend Glühwein

fast schon selbst basteln kann, sind einerseits schockierend und nicht-intuitiv, passen aber andererseits wieder sehr gut zu den Abschätzungen (irgendwas zwischen 0 und 1 bzw. zwischen 1 und 2), die wir eingangs schon machen konnten.

Genau diese *gebrochenen* Dimensionen sind der Grund für das Wort *Fraktal*, das eng mit dem Wort Fraktur oder dem englischen fraction verwandt ist.

Jetzt wissen wir nicht nur, woher das Wort Fraktal kommt sondern auch, wie man die beeindruckendste Weihnachts-deko aller Zeiten bastelt.

Ja, Studis und Hörsaal **fehlen** mir sehr. Außerdem wird mir auf jeden Fall das Schreiben an diesem Buch **fehlen**!

> Wenn ich mich denn jemals davon trennen kann – anstatt noch ein Kapitel anzufangen. Und noch eins.

Und danach wird mir wohl wieder ein Thema **fehlen** – für das nächste Buch. Hoffentlich gibt's nicht wieder 15 Jahre Flaute. So Hardcore-Mathebücher müssen es aber erstmal auch nicht sein.

Vielleicht Mathe für normale Leute? Hätte jemand Bedarf?

> Kombiniert mit Neuigkeiten von Tusnelda und dem Pferdeburschen?
>
> > Fiele das dann nicht schon wieder unter "Hardcore-Mathebuch"?

Familie

Wenn mich jemand fragt, was für mich das Schwierigste am Lockdown im Frühjahr 2020 war,

> Ich weiß, es war kein Lockdown im strengen Sinne. Die meisten von uns nennen es trotzdem so – der Einfachheit halber.

dann ist es ganz klar das hohe Arbeitspensum bei gleichzeitiger Kinderbetreuung, Home Schooling, "Kochen", usw. Als die Kinder im Juni wieder in Schule und Kita durften, war mein Tag nur noch halb so voll.

Und, was das Beste an diesen drei Monaten war? Ganz klar, die viele Zeit mit den Kindern!

> Wir konnten schließlich nicht nur arbeiten, schimpfen und stillsitzen sondern verbrachten 1-2 mal pro Woche den ganzen Vormittag mit Ball und Frisbee im Grünen. Unterwegs schauten wir uns Kaulquappen an, die von Woche zu Woche wuchsen und spielten "Desinfektionsmittel, Mensch, Coronavirus" – eine moderne Version von "Stein, Schere, Papier", die wir uns ausgedacht hatten. Das beste waren die Gesten: Für Coronavirus musste man sich die Daumen an die Ohren halten und mit den ausgestreckten Fingern wackeln.

Vor allem der Kleine liebte das. Er war eigentlich fast immer Coronavirus, was die Sache für den Großen und mich etwas berechenbar machte. Wir waren dann entweder Desinfektionsmittel (Hände reiben) oder, das gab den größten Spaß, auch alle Coronavirus.

Und dann gab es natürlich noch unser tägliches gemeinsames Mittagessen. Wenn man es selbst gekocht hat, schmeckt scheinbar jeder Unfall.

Das ist nicht widersprüchlich sondern typisch. Kinder sind anstrengend und wunderbar zugleich. Beim Frühstück ist man manchmal so damit beschäftigt, die Getränke und Marmeladengläser in Sicherheit zu bringen, dem Kleinen das Brötchen aufzuschneiden und die Brotdose fertig zu machen, dass man danach gar nicht weiß, ob man selbst etwas gegessen hat. (Zitat meiner Frau, unterschreibe ich direkt mit)

Andererseits gibt es diese großartigen Momente. Zum Beispiel neulich, ebenfalls am Küchentisch. Der Kleine: "Jungs haben einen Penis und Mädchen haben eine Scheibe." Daraufhin der Große (lacht): "Beides richtig!" Und die Fahrradgeschichte aus der Einleitung war natürlich auch so ein Moment. Manchmal scheint es so als ob sich ein Teil der Mühen der letzten Jahre in Luft auflöst und, gefühlt, zu Goldstaub wird.

> Vielleicht sind hier ähnliche Mechanismen am Werk wie bei Müttern, die bei jedem Lächeln des Säuglings die Umstände der Geburt immer weiter ins Hinterstübchen schieben und sich dann irgendwann auf ein zweites Kind freuen – mit Geburt und allem drum und dran.
>
> > Hier kann ich den evolutionären Vorteil des Mechanismus' direkt erkennen.

Etwas vor der Fahrradgeschichte, wir waren noch zu Fuß, war der Kleine eines morgens der Grund für unser langsames Vorankommen. Genauer gesagt, Wachstumsschmerzen in seinem Beim.

> Er war wirklich wieder ein ganzes Stück gewachsen in letzter Zeit!

Nachmittags rief die Kita an, er müsse deswegen jetzt abgeholt werden. Nein, Fahrrad könne er mit dem Bein auch nicht fahren. (Sonst hätte ich ihm seines mitgebracht.) Ich wiederum darf nach dem Schlaganfall monatelang kein Auto fahren... Und so kam es, dass der Kleine an diesem Tag als einziges Kind mit der Schubkarre vom Kindergarten abgeholt wurde.

> Ich hatte den Dreck vorher rausgemacht!

Wochen vorher hatte er mir einen Glücksstein geschenkt – als ich ihn am meisten brauchte. Der Stein ist immer noch in meiner Tasche.

Im April / Mai im Home-Office hat er mir manchmal von sich aus ein ~~Bier~~ Radler geholt und aufgemacht (0.33 ℓ, die Hälfte davon Limo), wenn ich besonders gestresst aussah.

> ...ganz vergessen beim Abschnitt "Corona: Was wir an Positivem mitnehmen können"!

Wir beiden frühstücken an Wochentagen immer zusammen. Wenn er sich einen Löffel oder etwas zu trinken holt, denkt er ganz oft auch an mich. Wenn er einen Müsliriegel hat und ich nicht, gibt er mir meistens was ab. Letztens hatte er drei Weintrauben auf dem Teller, gab mir eine, sich eine, nahm sein Kindermesser, schneidet die letzte durch und gibt mir noch eine halbe!

> Ich dachte, ich spinne! Wieso konnte ich das nicht, damals bei der Schulvoruntersuchung?

So viele Mathematiker braucht das Land doch gar nicht. Mit seiner ganzen empathischen Ader gibt es bestimmt noch super viele andere nützliche Betätigungsfelder. Immerhin teilt er, damit es den anderen nicht schlechter geht. Beim Großen war das anders.

> Ha! Bei mir lag damals kein Messer neben den Äpfeln! Und Weintrauben lassen sich auch viel besser durchschneiden als Äpfel – zumal, für so ein kleines Kind!
>
> > Dafür war ich schon sechs. :-/

Er kann wirklich unheimlich gut mit Menschen.

Mein Vater hat mich nie zur Kita gebracht. Noch vor einer Generation waren die Aufgaben deutlich stärker getrennt: die Mütter kümmerten sich um Kind und Haushalt, die Väter um Job und Geld.

> Gut, auch die Väter haben am Wochenende mal nachgezählt, ob alle Kinder noch da sind.
> Außerdem lag meine Kita genau auf dem *Arbeitsweg* meiner Mutter! ;-)

Heute vermischt sich alles. Jeder, Frau und Mann,

> und divers,

balanciert beides, Job und Kinder,

> und *diverse* Hobbies – im Idealfall.

Genau genommen, haben die Frauen im Osten auch schon alle gearbeitet, viele in Vollzeit, – und sich zusätzlich um Kind und Kegel gekümmert. Die Vermischung passierte dort sehr asymmetrisch.

Dafür waren die Väter Alleskönner zwischen Maurer, Klempner und Automonteur.

> Die ländläufige Bezeichnung für dieses Alleskönner-Kompetenzprofil hieß "gelernter DDR-Bürger".
>
> Das sagt mein Vater auch heute noch stolz, wenn er die Heizungsrohre lötet. Letztes Jahr musste ich etwas schimpfen, als er auf der großen Leiter stand um die Dachrinne zu flicken. Mit 73…

Im Vergleich zu meinem Vater bekomme ich heute viel mehr von meinen Kindern mit, kann dafür aber kein Auto oder Heizungsrohr mehr selbst reparieren.

Mir ist es so herum lieber als früher.

Ein bisschen Alleskönner-Ossi, zumindest der Wille dazu, steckt definitiv auch noch in mir. Und meiner Frau! Und das ist auch gut so.

> frei nach Klaus Wowereit

Stimmt, viele Frauen im Osten konnten auch fast alles.

> Superwoman ist 'ne billige Kopie von Ost-Müttern!

Malern, tapezieren, Räder wechseln, Wände gipsen, Regale bauen – ein paar Sachen machen wir auch noch am liebsten selber.

> Ich weiß, das machen nicht nur Ossis.
> Aber bei uns ist es rituell.

Und wir werden manchmal (von älteren Mitbewohnern polnischen oder russischen Ursprungs – was bin ich wieder korrekt heute) gefragt, ob wir aus dem Osten kommen – nicht etwa wegen unseres **astreinen Hochdeutschs**

> fast so gut wie MDR-Nachrichtensprecher
> oder Kai Pflaume

sondern wegen irgendwelcher Kleinigkeiten im Umgang mit Nachbarn, Tischnachbarn, Bettnachbarn oder nicht-mal-Nachbarn, die wir total normal finden, die aber scheinbar nicht mehr normal sind.

Die sind wahrscheinlich auch noch in Dörfern aufgewachsen, wo jeder mit jedem spricht, man sich grüßt und womöglich sogar mal hilft.

> Atheisten können auch christliche Werte haben,

> > Sie haben nur keine sonderlich frommen Namen dafür – außer "Anstand" und "selbstverständlich".

> manchmal vielleicht mehr als einige brave Kirchgänger, die auf dem Heimweg schon wieder die Ellenbogen ausfahren und grußlos vorbei rempeln, wenn ich an einer engen Stelle extra wegen ihnen anhalte.

> > Schönen Sonntag noch!

> > > ...und einen fetten Eintrag im himmlischen Muttiheft.
> > > Karma will get you, butthead!

> > > > Das muss ich jetzt aber nicht extra übersetzen, oder? Mut-ti-heft! ;-)

Meine Frau hat studiert, arbeitet seitdem und bereichert die Gesellschaft in ihrem Beruf viel mehr als wenn sie mit den Kindern zu Hause wäre.

> Ich will keinesfalls sagen, dass es falsch wäre, letzteres bewusst so zu tun. Kinder und Haushalt sind ein Vollzeitjob für sich – ein sehr wichtiger und erfüllender noch dazu.
>
> Ich finde es nur gut, dass Frauen inzwischen die Wahl haben: diesen Job oder einen anderen.
>
>> Es lebe die Kita. Und der Schulhort.
>>
>>> In Hamburg nennen die Leute den Schulhort übrigens "Ganztag" – und wundern sich, wenn ein Zugereister diesen bescheuerten Code nicht sofort versteht.
>>>
>>>> Vielleicht sage ich demnächst "Fisch" statt Uni – und schüttle verständnislos den Kopf, sobald einer komisch guckt.

Dass Frauen heute Bundeskanzlerin oder Vizepräsidentin der USA werden können, wird man nur in der Mitte von Oberbayern oder Iowa *nicht* als Fortschritt verkaufen können.

> Österreich lassen wir mal raus.

Das klingt ja, so gesehen, alles nach win-win. Der Preis ist aber, wie schon gesagt, dass wir *alle* mit *allem* jonglieren, und das ist wirklich nicht immer einfach.

> In vielen beruflichen Bereichen liegt das Geheimnis in einer zunehmenden Spezialisierung der Leute. Im Gemenge aus Familie und Job hingegen werden wir alle zu Allroundern.
>
>> Naja, nicht beim Kochen. Das macht meine Frau so gut und ich so schlecht, dass es völliger Quatsch wäre, dort zu tauschen. Dafür gibt es andere Sachen, die ich besser kann.
>
> Es muss vielleicht nicht jeder alles machen. Dann muss man sich nur gut absprechen.

Es gibt schwache Momente, da beneide ich heimlich meinen Vater darum, wie er sich damals aus der ganzen Nummer rausnehmen konnte

> irgendeine Schraube muss doch bestimmt gerade in der Werkstatt geputzt werden

aber eigentlich immer nur kurz. Wenn man bedenkt, dass wir Millionen von Jahren Zeit hatten, Menschen zu werden und unsere Geschlechterrollen einzuüben, dann wird einem schon manchmal schwindelig, mit welchem Tempo sich die Rollen seit ein paar Jahrzehnten verschieben.

Noch vor 10.000 Jahren (weniger als 1% auf der menschheitsgeschichtlichen Zeitachse) wäre wahrscheinlich jeder hinter fast jedem des anderen Geschlechts

> damals gab es angeblich nur zwei

hergerannt um die Population genügend groß und durchmischt zu halten.

> ...jedenfalls, mit den "Worten der Evolution" gesprochen; die Menschen hatten wahrscheinlich ganz andere Worte dafür. "Bunga-Bunga", oder ähnlich.
>
>> Manche italienische Politiker sind offenbar auf dem Level hängen geblieben.

Seit 100 Jahren dürfen bei uns Frauen wählen.

> in Saudi Arabien erst seit 2015, in der Schweiz immerhin seit 1971

Seit 1990 sind im wiedervereinigten Deutschland über 50% der Frauen erwerbstätig (Statistisches Bundesamt, www.destatis.de). Seit den 1970er-Jahren steigt die Quote der werdenden Väter im Kreißsaal von 0 auf fast 90%, und seit 2008 ist der Anteil der Väter, die in Elternzeit gehen, von anfangs 20% auf mittlerweile fast 40% gestiegen. Inzwischen arbeiten 25% der Väter, die in Elternzeit gehen, auch danach in Teilzeit weiter (Väterreport des BMFSFJ, www.bmfsfj.de, und Statistisches Bundesamt, www.destatis.de).

Ich hatte bei beiden Kindern

> deren Geburt, sehr unifreundlich, auf die
> Semesterferien im Sommer fiel

zwei Monate Elternzeit und fand mich oft gar nicht sooo fehl am Platz.

Mal sehen, wie die Sache weiter geht. Vielleicht kriegen unsere beiden Söhne in 20 Jahren die Kinder schon selbst und einer heiratet die über-übernächste Bundeskanzlerin (m/w/d). Hauptsache, sie sind glücklich, gesund und finden Sinn in dem, was sie tun.

In diesem Sinne wünsche ich uns allen ein spannendes, wertschätzendes und weltoffenes Miteinander.

Und stoßt Euch nicht den Kopf!